मध्य और पूर्वी यूरोप में हिन्दी

(पूर्वी और मध्य यूरोप के हिन्दी विद्वानों का द्वितीय अंतर्राष्ट्रीय सम्मेलन
सपिएंत्सिया विश्वविद्यालय रोमानिया)

संपादक

इमरै बंघा

वाणी प्रकाशन

21-ए, दरियागंज, नयी दिल्ली-110002

फोन : 011-23273167, 23275710

फैक्स : 011-23275710

e-mail : vaniprakashan@gmail.com
website : vaniprakashan.com

वाणी प्रकाशन का लोगो
विख्यात चित्रकार मकबूल फ़िदा हुसेन
की कूची से

ISBN : 978-81-8143-604-7

वाणी प्रकाशन
21-ए, दरियागंज, नयी दिल्ली-110002
द्वारा प्रकाशित
प्रथम संस्करण : 2007

मूल्य : 125.00
आवरण : वाणी चित्रांकन
जय भारत प्रिंटर्स, दिल्ली-110032
द्वारा मुद्रित

MADHYA AUR POORVI UROP EUROPE MAIN HINDI
Edited by: **Dr. Imre Bangha**

Acknowledgements

I am grateful to H.E. Ajai Malhotra of India in Bucharest, for his generous help and continuous encouragement to organise the Second International Conference of Hindi Teachers in Central and Eastern Europe and the publication of this volume. The conference enjoyed the support of the Ministry of Foreign Affairs in New Delhi, especially of Joint Secretary Mr. Mahesh Sachdev and Mr. Sunil Kumar Srivastava, Deputy secretary of Hindi. Mr. R.K. Goel and Mr. Anil Kumar, members of the Indian Embassy in Bucharest, worked hard in orginising the travel of the participants and in assisting the conference. The success of those few days in 2004 was also due to the support of the leaders and staff of Spaientia—Hungarian University of Transylvania, especially of Prof. Jenö Györfi, Mr. Levente Süket, Ms. Alíz Frakas and Mr. Béla Bács. Some of the local Hindi Students made a deep impression on all with their enthusiasm and care for the participants. I wish every Hindi teacher helpful and eager students like Miss Erika Sipos and Miss Mónika Bors. I also express my gratitude to Dr. Daksha Mistry (M. Ciue and Baroda) and Dr. Allison Buşh (Chicago) for their invaluable help in editing the papers.

Imre Bangha

30 June 2005 M. Ciue/Csíkszereda

विषय-सूची

हिन्दी गवेषणा

दो शब्द

मित्रो,

मैं मध्य यूरोप के देशों के इस क्षेत्रीय हिन्दी सम्मेलन में रोमानिया, हंगरी, पोलैण्ड, लिथुवानिया, बल्गेरिया, चेक रिपब्लिक क्रोएशिया और भारत से आए सभी प्रतिनिधियों का हार्दिक स्वागत करता हूँ। यह हमारे लिए एक हर्ष और उत्साह का अवसर है कि हम इस रमणीक स्थल पर आज से तीन दिनों तक इस क्षेत्र में हिन्दी के प्रसार और शिक्षण, और भारत और यूरोपीय देशों के बीच गहन सांस्कृतिक सम्बन्धों के सम्बन्ध में विचार-विमर्श करेंगे। मैं इस अवसर पर स्मरण करना चाहूँगा कि आज से दो वर्ष पूर्व 6 से 8 मार्च, 2002 को बुडापेस्ट हंगरी में एक ऐसा ही सम्मेलन किया गया था जिसमें कई हिन्दी विद्वान और शिक्षक शामिल हुए थे, जिनमें से कुछ आज भी हमारे इस सम्मेलन में उपस्थित हैं।

मध्य यूरोप के इन देशों के विभिन्न विश्वविद्यालयों में भारत विद्या विभाग (इण्डोलॉजी डिपार्टमेण्ट) स्थापित हैं और उनमें हिन्दी शिक्षण की दिशा में महत्त्वपूर्ण कार्य हो रहा है। पोलैण्ड में वारसा और क्राकोव विश्वविद्यालय, बुल्गेरिया में सोफिया विश्वविद्यालय, चेक रिपब्लिक में चार्ल्स विश्वविद्यालय और हंगरी में एल्ते विश्वविद्यालय, में हिन्दी अध्ययन और अध्यापन की एक प्राचीन परम्परा है और इनमें हिन्दी अध्यापन से जुड़े कुछ विद्वान आचार्य विश्व के जाने-माने हिन्दीविदों और प्रसारकों में से हैं।

हंगरी में हुए पिछले सम्मेलन से हिन्दी अध्यापन और प्रसार के क्षेत्र में आनेवाली कठिनाइयों को पहचानने का अवसर मिला और परस्पर विचार-विनिमय के द्वारा हम एक-दूसरे के कार्यों से भी काफी हद तक अवगत हुए। इस क्षेत्र में हिन्दी के प्रसार के लिए आवश्यक है कि विभिन्न विश्वविद्यालयों एवं हिन्दी प्राध्यापकों के बीच सम्पर्क और विचार-विनिमय अधिक सघन हो और भारत का उन्हें भरपूर समर्थन प्राप्त हो।

भारत की यह नीति है कि इस क्षेत्र में हिन्दी के प्रसार और अध्यापन को एक सुदृढ़ आधार प्रदान किया जाए और इस क्षेत्र में कार्य करने वाले अध्यापकों की कठिनाइयों और आवश्यकताओं को पहचानकर उन्हें हिन्दी प्रसार के अधिक साधन उपलब्ध कराए जाएँ। इसके लिए भारत के समर्थन और सहयोग से इन देशों में स्थित भारतीय मिशनों द्वारा हिन्दी पाठ्य-सामग्री, पुस्तकें, साफ्टवेयर और सीडी आदि

उपलब्ध कराने का और विभिन्न आयोजनों के लिए वित्तीय संपोषण प्रदान करने का प्रयास किया जा रहा है।

पिछले सम्मेलन में लिए गए निर्णय के अनुसार इन विश्वविद्यालयों में हिन्दी के समान पाठ्यक्रम के लिए भारत के आगरा में स्थित केन्द्रीय हिन्दी संस्थान के सौजन्य से एक आधारभूत विदेशी हिन्दी शिक्षण पाठ्यक्रम की रूपरेखा बनाई गई है और इसको अन्तिम रूप दिया जा रहा है। पुणे में स्थित सी-डैक के सौजन्य से भी एक ऑन-लाइन हिन्दी शिक्षण पाठ्यक्रम राजभाषा डॉट कॉम पर उपलब्ध कराया गया है। किन्तु यह विदेशी हिन्दी पाठ्यक्रम के सर्वथा अनुकूल नहीं है अतः विदेश मन्त्रालय इस दिशा में प्रयत्नशील है कि विदेशी हिन्दी पाठ्यक्रम के लिए एक अलग और अधिक उन्नत व्यवस्था की जाए जो हिन्दी और अंग्रेजी के साथ-साथ डच और फ्रेंच आदि अन्य भाषाओं में भी उपलब्ध हो। इस दिशा में आवश्यक प्रयास किए जा रहे हैं।

आशा है कि इस सम्मेलन में पिछले कुछ वर्षों में हिन्दी के अध्यापन के क्षेत्र में हुई प्रगति का हम जायजा ले सकेंगे और इसमें जो भी कमियाँ या कठिनाइयाँ आ रही हैं उन्हें दूर करने के कुछ उपायों की सम्भावनाओं का पता लगा सकेंगे।

भारत से मन्त्रालय के प्रतिनिधि के रूप में उप-सचिव (हिन्दी) सुनील कुमार श्रीवास्तव यहाँ उपस्थित हैं और भारत सरकार के स्थायी संयुक्त सचिव श्री महेश सचदेव भी कल से हमारे बीच उपस्थित होंगे। सभी प्रतिभागियों से मैं यह पुनः अपील करना चाहूँगा कि अपने कार्यों में जो भी भारत से संबल और समर्थन की उन्हें अपेक्षा हो, उस सम्बन्ध में वे अपने सुझाव दें।

मैं अपना सन्तोष व्यक्त करना चाहूँगा कि ट्रांसिलवानिया सपीयन्ता हंगेरियन विश्वविद्यालय ने हिन्दी विद्या सिखाने के बीज बो दिए हैं। मैं विशेष रूप से प्राध्यापक श्री इमरे बंघा का आभारी हूँ, जिन्होंने अपने साथियों के साथ मिलकर इस सम्मेलन को सफल बनाया है। मैं आने वाले समय में इस विश्वविद्यालय और इसके पूर्वी शिक्षा विभाग की हर सफलता की कामना करता हूँ।

अन्त में मैं पुनः आपका स्वागत करता हूँ और इस सम्मेलन में पधारने के लिए आपका आभार व्यक्त करता हूँ।

धन्यवाद।

भारतीय राजदूत श्री अजय मल्होत्रा
का सभारंभ व्याख्यान

मध्य और पूर्वी यूरोप में हिन्दी शिक्षण और शोध

❑ इमरै बंघा

हिन्दी अध्ययन के लिहाज़ से मध्य और पूर्वी यूरोप अपेक्षाकृत कम मशहूर मगर रोचक क्षेत्र है। पहले कभी सोवियत यूनियन का या साम्यवादी गुट का हिस्सा रहे लगभग बीस देश अब इस क्षेत्र में आते हैं। इनमें से आधे या तो यूरोपीय यूनियन में पहले से ही शामिल हो चुके हैं, या फिर इसके लिए रज़ामन्द हैं। मौजूदा या भविष्य के यूरोपीय यूनियन का पूर्वी हिस्सा है। (उम्मीद कर सकते हैं कि क्रोएशिया भी एक दिन जिसका हिस्सा होगा) दुनिया भर का सबसे विविधतापूर्ण हिस्सा है। मुश्किल से मध्य प्रदेश जितने बड़े इस इलाके में दस छोटे-छोटे स्वतन्त्र राष्ट्र हैं। इनमें से ज़्यादातर मुल्कों में हिन्दी और ओरियंटल (प्राच्य) अध्ययनों की एक विविधतापूर्ण समृद्ध परम्परा है। बड़े पश्चिमी यूरोपीय राज्यों के मुकाबले आर्थिक दृष्टि से काफ़ी गरीब होने के बावजूद इनमें से कई मुल्कों में प्राच्य संस्कृतियों में असाधारण रुचि की लम्बी अकादमिक परम्पराएँ नज़र आती हैं। ये ऐसे मुल्क हैं जिन्होंने दूसरे महादेशों को अपना उपनिवेश नहीं बनाया बल्कि वे ख़ुद अपने इतिहास की लम्बी अवधियों में विदेशी शासन के अधीन रहे। शायद इस वजह से ही भूतपूर्व उपनिवेशों के प्रति इनमें कहीं ज़्यादा सहानुभूति है। साम्यवादी शासन के दौरान 'तीसरी दुनिया' के भूतपूर्व उपनिवेशों के साथ औपचारिक साम्राज्यवाद विरोधी एकजुटता के चलते भी इस सहानुभूति में कुछ इज़ाफ़ा हुआ। इस तरह ख़ासतौर से, बीसवीं सदी के दूसरे अर्द्धांश से ही मध्य और पूर्वी यूरोप के इन राष्ट्रों ने भारत के साथ बेहतरीन सांस्कृतिक सम्पर्क बनाए रखा।

भारत के साथ इनके इस सांस्कृतिक सम्पर्क का एक महत्त्वपूर्ण परिणाम इस क्षेत्र की लगभग सभी राजधानियों में हिन्दी अध्ययन केन्द्रों की स्थापना के रूप में नज़र आता है। 1950 के दशक में भारतीय भाषाशास्त्र और शास्त्रीय भारत के अध्ययन और विशेषज्ञता में पहले से ही लगे विभागों और संस्थानों में हिन्दी भी शामिल हो गई। जैसे प्राग, वारसा और बुदापैश्त में जहाँ पहले से ही संस्कृत या दूसरी भारतीय भाषाएँ पढ़ाई जाती थीं। बाद में हिन्दी अध्यापन के लिए कुछ नए केन्द्र भी खोले गए जैसे बुखारेस्ट और सोफ़िया में। हिन्दी अध्यापन का काम साम्यवाद

के पतन के बाद बन्द नहीं हुआ। बल्कि कई जगहों मसलन ज़ागरेब, विलनियस या मियेरक्यूरीया चुक में तो हिन्दी अध्ययन बाक़ायदा राजनैतिक बदलावों के बाद ही प्रारम्भ हुआ। इससे कहीं न कहीं यह ज़ाहिर होता है कि भारतीय संस्कृति में रुचि सिर्फ राजनीति प्रेरित नहीं थी।

मध्य और पूर्वी यूरोप में चल रहे हिन्दी कार्यक्रमों की अपनी कुछ ख़ास विशिष्टताएँ हैं सबसे खास बात तो छात्रों का ख़ासा उत्साह और भारतीय संस्कृति को लेकर नौजवानों में तीव्र रुचि रही है। इन देशों में प्रवासी भारतीयों की कोई बहुत बड़ी जमात नहीं है। ऐतिहासिक रूप से भिन्न उत्प्रवासन क्रम के चलते ब्रिटेन और अमेरिका की तरह यहाँ हिन्दी छात्रों में दूसरी या तीसरी पीढ़ी के भारतीय भी नहीं हैं। पश्चिमी यूरोप और अमेरिका के उलट यहाँ ज़्यादातर छात्र अपनी निजी रुचि के चलते हिन्दी या इंडोलॉजी (भारत-शास्त्र) पढ़ते हैं, न कि कैरियर बनाने के मक़सद से। अध्यापन भी पश्चिम के मुकाबले यहाँ कहीं ज़्यादा भाषा शास्त्रोन्मुख है। हिन्दी पढ़ने जा रहे छात्र आमतौर से पहले ही दो या तीन भाषाओं और भाषाई पदों से परिचित होते हैं। हिन्दी पढ़ाने का काम यहाँ अंग्रेजी माध्यम की किताबों के ज़रिए नहीं होता, इतना ही नहीं अंग्रेज़ी माध्यम की किताबों का इस्तेमाल भी कम ही होता है। अभी कुछ साल पहले तक तो यहाँ ऐसे भी छात्र थे जिन्होंने अंग्रेज़ी सीखे बिना हिन्दी पढ़ी। इसकी एक वज़ह यह भी थी कि अंग्रेजी माध्यम की किताबें इतनी महँगी हुआ करती हैं कि पूर्वी यूरोप के सबसे बेहतरीन पुस्तकालयों के लिए भी इन्हें ख़रीद पाना सम्भव न था। आज भले ही सुनने में यह अटपटा लग सकता है मगर यह एक तथ्य है कि स्थानीय भाषाओं और रूसी में कहीं बेहतर संसाधन उपलब्ध थे जैसे हिन्दी-रूसी शब्दकोश चेक/अंग्रेजी में 'पोरिज़का' की या रूसी में दिमशित्स की पाठ्य पुस्तकें चेक/अंग्रेज़ी। हाल के वर्षों के बुलगारिया, पोलैण्ड और हंगेरी आदि में इन्हें राष्ट्रीय भाषाओं में तैयार की गई किताबों के चलते बदल दिया गया।

इस क्षेत्र से ताल्लुक रखने वाले हिन्दी अध्यापकों की परम्पराएँ और मुश्किलें दोनों साझी हैं। दो आम चुनौतियाँ जिससे इस क्षेत्र के हिन्दी अध्यापक आज रू-ब-रू हैं, वे हैं यूरोपीय यूनियन में दाखिले के कारण आए बदलाव और भौतिक संसाधनों की कमी। यूरोपीय यूनियन में दाखिले के बाद भी मध्य और पूर्व यूरोपीय देश अपने पश्चिमी पड़ोसियों के मुकाबले में काफ़ी ग़रीब ठहरते हैं और इन्हें आज भी महँगे अन्तर्राष्ट्रीय संसाधनों के बजाय अपने राष्ट्रीय संसाधनों पर ही ज़्यादा ऐतबार करना पड़ता है। भारत द्वारा लगातार प्रायोजित वज़ीफों, हिन्दी प्राध्यापकों, इमदादी किताबों, और मदद के दूसरे रूपों से भी इस क्षेत्र में हिन्दी अध्यापन नियमित चल पाता है। आज यूरोपीय यूनियन में शामिल होने से शिक्षा-व्यवस्था में एक क्रान्तिकारी बदलाव की भी ज़रूरत है। यहाँ एकमुश्त चार या पाँच वर्षीय एम.ए. डिग्री के बजाय

बी.ए., एम.ए., पी-एच.डी. व्यवस्था का मानकीकरण किए जाने और प्रतियोगिता आधारित आर्थिक मदद के बजाय स्थायी राष्ट्रीय अनुदान की व्यवस्था लागू करने की आवश्यकता है। आमतौर से इस पूरे क्षेत्र में हिन्दी अध्यापन का स्तर काफ़ी ऊँचा है। हालाँकि, मौजूदा सांस्थानिक प्रबन्ध हिन्दी के वैसे जानकार अकादमिकों—जो उतनी ही अच्छी हिन्दी जानते हैं जितना कि एक देशज़ वक्ता—को हिन्दी पढ़ाने में शायद उतने प्रभावी साबित न भी हों, मगर ये छात्रों को पाठों के अनुवाद और उनकी स्थानीय संदर्भों के अनुरूप व्याख्या में प्रशिक्षित करने में सहायता अवश्य करते हैं। यह निश्चय ही मध्य और पूर्वी यूरोपीय देशों में भारतीय संस्कृति के बृहत्तर प्रसार और अन्तर्राष्ट्रीय स्तर पर हिन्दी शोध में योग देता है।

इस क्षेत्र में हिन्दी अध्यापन और शोध की स्थिति से सम्बन्धित कुल ऐसे तेरह लेख इस किताब में शामिल हैं जिन्हें मियेरक्यूरीया चुक (रोमानिया) में ट्रांसिलवेनिया के हंगेरियन विश्वविद्यालय में सम्पन्न हुए हिन्दी विद्वानों के दूसरे सम्मेलन के अवसर पर प्रस्तुत किया गया था। यह संकलन तीन हिस्सों में बँटा हुआ है। पहला हिस्सा तमाम पूर्वी और मध्य यूरोपीय देशों में हिन्दी शिक्षण के अतीत और वर्तमान से सम्बन्ध रखता है। इसका दूसरा हिस्सा हिन्दी शिक्षण की प्रणालियों की परीक्षा करता है। तीसरा हिस्सा हिन्दी भाषाई शोध में लगे इस क्षेत्र के कुछ नेतृत्वकारी विश्वविद्यालयों की नवीन उपलब्धियों को सामने लाता है।

अतीत और वर्तमान के इस तज़कीरे की शुरुआत संकलन के सबसे, वयोवृद्ध सहभागी डॉ. डागमार मारकोवा (चार्ल्स विश्वविद्यालय, प्राग, चेक गणराज्य) के एक लेख से होती है। डॉ. मारकोवा चार्ल्स विश्वविद्यालय में हिन्दी भाषा और साहित्य अध्ययन का ब्यौरा देते हुए बताते हैं कि, छात्रों की रुचियों के विस्तार को इनके द्वारा बी.ए. और एम.ए. शोध प्रबन्धों के लिए विषयों के चुनावों के ज़रिए बख़ूबी समझा जा सकता है। वैसे तो चेक गणराज्य में ज़्यादातर विद्यार्थी हिन्दी की आधुनिक प्रवृत्तियों में दिलचस्पी दिखाते हैं लेकिन कुछेक मध्यकालीन साहित्य की तरफ़ भी रुझान रखते हैं। लेखक हिन्दी साहित्य के अध्ययन को अन्तःसांस्कृतिक समझ बढ़ाने के एक माध्यम के बतौर देखता है और इस तथ्य पर भी बराबर जोर देता है कि, हिन्दी साहित्य के रसास्वादन की एक महत्त्वपूर्ण प्राथमिक शर्त इसकी सामाजिक पृष्ठभूमि से परिचित होना है।

श्रीमती वान्या गानचेवा (सोफिया विश्वविद्यालय सेण्ट क्लीमेण्ट ओहरीदुस्की, बुलगारिया) ने बुलगारिया में उच्चस्तरीय हिन्दी भाषा शिक्षण पर बात की। इस विभाग में छात्रों की अपेक्षाकृत एक बड़ी संख्या है। स्नातक स्तर तक की पढ़ाई के बाद इनमें से ज़्यादातर छात्र हिन्दी अध्ययन के क्षेत्र से बाहर निकल जाया करते हैं, जबकि अन्य यूरोप और अमेरिका के प्रमुख विश्वविद्यालयों में बतौर शिक्षक काम करते हैं। अपने चार साला हिन्दी अध्ययन के दौरान इन छात्रों को उच्चस्तरीय

अध्ययन सामग्री भी दरकार होती है। लेखिका अपने विश्वविद्यालय के हिन्दी पाठ्यक्रम और बुलगारी माध्यम की उन स्तरीय हिन्दी अभ्यास पुस्तिकाओं का वर्णन करती हैं जो सोफ़िया केन्द्रित ईस्ट वेस्ट फाउण्डेशन के सहयोग से छपी हैं। इन अभ्यास पुस्तिकाओं में भारतीय संस्कृति से सम्बन्धित पाठ, अभ्यास और खेल शामिल हैं। व्याकरण के स्तरीय विषयों को पढ़ाने के साथ इन किताबों का ज़ोर मुहावरेदार प्रयोगों पर भी होता है। हिन्दी में दिए गए निर्देशों और हिन्दी-बुलगारी-अंग्रेज़ी शब्द तालिकाओं के चलते यह किताब बुलगारिया से बाहर भी इस्तेमाल में लाई जा सकती है।

डॉ. इमरै बंघा (सपिएंत्सिया-हंगेरियन विश्वविद्यालय, ट्रांसिल्वेनिया, मियेरक्यूरिया चुक, रोमानिया) का पर्चा यूरोप के सबसे कम-उम्र हिन्दी केन्द्र का वर्णन करता है। एक नए विश्वविद्यालय में हिन्दी और भारतीय अध्ययन की शुरुआत कैसे की जाए जैसे प्रश्नों की पड़ताल इस पर्चे में की गई है। ट्रांसिल्वेनिया का हंगेरियन विश्वविद्यालय 2001 में स्थापित हुआ और अक्टूबर 2003 से ही यहाँ भारतीय अंग्रेज़ी साहित्य और सार्वजनिक हिन्दी पाठ्यक्रमों की कक्षाएँ चल रही हैं। केन्द्र का लक्ष्य महज़ विश्वविद्यालय द्वारा पढ़ाए जाने वाले विषयों की गिनती में इज़ाफा करना न होकर एक बड़े समूह तक पहुँचना और स्थानीय व अन्तर्राष्ट्रीय रुचि के विषयों पर शोध उपलब्ध कराना है। स्थानीय रुचि की ऐसी ही एक शोध परियोजना ट्रांसिल्वेनिया के हंगेरियन प्राच्यवादियों की परम्परा का अध्ययन है, और तुलसीदास के छोटे ग्रन्थों जैसे मध्यकालीन हिन्दी पाठों का अनुवाद और सम्पादन अन्तर्राष्ट्रीय आकर्षण का केन्द्र। पोलैण्ड में हिन्दी शिक्षण और शोध (के अतीत और वर्तमान) पर अपने पर्चे में प्रो. दानुता स्ताशिक (दक्षिण एशिया विभाग, वारसा विश्वविद्यालय, पोलैण्ड) संस्कृत, प्राचीन भारत और दर्शन पर यहाँ रहे शुरुआती ज़ोर के साथ, भारत से सम्बद्ध विद्वत्-इतिहास का खाक़ा पेश करती हैं। पोलैण्ड में हिन्दी का एक लम्बा विद्वत् इतिहास है, और यहाँ वारसा, क्राकोव और पोज़नान तीनों विश्वविद्यालयों में हिन्दी पढ़ाई जा रही है। प्रो. स्ताशिक इन तीनों केन्द्रों की अकादमिक उपलब्धियों और शोध का वर्णन करने के साथ ही हिन्दी के महत्त्वपूर्ण पोलिश अनुवादों का भी जिक्र करती हैं। स्ताशिक हिन्दी शिक्षण से सम्बन्धित आधारभूत विवरण जैसे अलग-अलग स्तरों पर छात्रों की संख्या और हिन्दी के साथ इनके जुड़ाव का वर्णन भी करती हैं।

डॉ. साबिना पोपर्लान बुख़ारेस्ट विश्वविद्यालय से हिन्दी विभाग के 35 वर्षीय इतिहास का एक लेखा पेश करती हैं। इस विभाग की स्थापना में प्रो. लौरेंत्स्यु तेबान, जो इस संकलन में एक सहभागी भी हैं, का बड़ा योगदान रहा है। इस विभाग का ज़ोर भाषाई शोध ख़ासतौर से प्रकारात्मक तुलना पर रहा है।

मारिया नेज्यैशी का पर्चा यह बताता है कि हिन्दी अध्यापन 1950 के दशक

में हंगरी में सदियों पुरानी इंडोलॉजी (भारत-शास्त्र) परम्परा से कैसे जुड़ गया है। व्याख्या करने के साथ ही कम्प्यूटर पूर्व दौर में हिन्दी शिक्षण की प्रमुख चुनौतियों का भी वर्णन करता है। यह पर्चा हंगरी के छात्रों के लिए बड़े पैमाने पर मौजूद हिन्दी शिक्षण संसाधनों का भी वर्णन करता है, जिसमें सबसे अहम नौसिखुओं के लिए हंगेरियन माध्यम में उपलब्ध पाठ्य सामग्री है। इस पर्चे का दूसरा हिस्सा अध्ययन सामग्री तैयार करने के दौरान पेश आने वाली दिक्कतों जैसे हिन्दी व्याकरण पढ़ाने के लिए उपयुक्त हंगेरी भाषाई पदों का निर्धारण, मौजूँ अभ्यासों की रचना, और शब्द भण्डार का चुनाव आदि पर रोशनी डालता है। ये कुछ ऐसी आम समस्याएँ हैं जिनका सामना पाठ्यक्रम तैयार करने वाले हर लेखक को करना पड़ता है। विशेषतौर से तब जब कि वो किसी मुल्क, और भाषा की अपनी ख़ास विविधताओं से साक्षात्कार करता होता है।

हिन्दी शिक्षण की प्रणालियों से सम्बद्ध खण्ड में शामिल तीन पर्चे हिन्दी प्रोत्साहन के तीन अलग-अलग पहलुओं से बावस्ता हैं। प्रो. दानुता स्ताशिक उनके अपने विश्वविद्यालय में हिन्दी शिक्षण-प्रशिक्षण के गतिविज्ञान पर रोशनी डालती हैं। वारसा पाठ्यक्रम में हिन्दी या तो मुख्य भाषा होती है या फिर दूसरी और तीसरी भाषा। व्यावहारिक हिन्दी के अलावा सभी कक्षाएँ पोलिश में होती हैं। आरम्भिक वर्षों में दूसरी भाषाओं की पाठ्यपुस्तकें (पोरिजका चेक/अंग्रेज़ी में या रूसी भाषा में दिमशित्स) इस्तेमाल की जाती थी, मगर पोलिश भाषा में अब एक नई किताब आने वाली है। प्रो. स्ताशिक ने दूसरी सबसे अहम चुनौती का भी ज़िक्र किया जिसका सामना ऐसे तमाम मुल्कों को करना पड़ रहा है जिन्होंने यूरोपीय संगठन में दाखिला पा लिया है, या जो कुछ ही वर्षों के दौरान इसमें दाखिला पा लेंगे, यह चुनौती है पाँच साला कोर्स से बी.ए.-एम.ए. ढाँचे में बदलाव की। तब बी.ए. पाठ्यक्रम व्यापक तौर पर सुलभ होगा जबकि एम.ए. स्तर पर यह महज़ विशिष्ट प्रतिभा प्रदर्शित करनेवाले छात्रों के लिए ही उपलब्ध होगा।

हरजेन्दर सिंह चौधरी (विजटिंग प्रोफेसर हिन्दी, वारसा विश्वविद्यालय) मध्य और पूर्वी यूरोपीय भाषाओं में हिन्दी शिक्षण के नफे-नुक़सान का वर्णन करते हैं। प्रो. चौधरी मानते हैं कि, ऐसे भारतीय शिक्षकों की गैर-मौजूदगी के चलते जिन्हें ये भाषाएँ भी आती हों, इस क्षेत्र में आने वाले विजिटिंग प्रोफेसर को अंग्रेजी का सहारा लेना पड़ता है क्योंकि हिन्दी का हरेक पहलू सीधी प्रणाली (डायरेक्ट मेथड) से नहीं पढ़ाया जा सकता।

सुश्री हयनल्का कोवाच (ओतवोरा लोरांत विश्वविद्यालय, बुडापेस्ट हंगेरी) हंगेरी में प्रारम्भ हुई नई हिन्दी राज्य भाषा परीक्षा का वर्णन करती हैं। यह परीक्षा उन छात्रों के हिन्दी ज्ञान को राष्ट्रीय स्तर पर प्रमाणित करने की एक व्यवस्था है जिन्होंने हिन्दी भाषा की पढ़ाई विश्वविद्यालयों में नहीं की है और जिनके पास हिन्दी की कोई

डिग्री नहीं है। यह परीक्षा ऐसे लोगों के जिन्होंने भारत में कुछ समय बिताया और हिन्दी सीखी या फिर वैसे छात्रों के हिन्दी ज्ञान को प्रामाणिकता देती है जो किसी वजह से अपना डिग्री कोर्स पूरा नहीं कर सके। प्रश्नपत्रों का एक समान मापदण्ड रखने के लिए इस परीक्षा में नौसिखुओं, मध्यवर्ती और उच्चस्तरीय स्तरों के हिन्दी प्रतिभागी से भाषा में वैसी ही दक्षता अपेक्षित होती है जो समान स्तर के रूसी, फ्रेंच या किसी दूसरी भाषा के प्रतिभागी से की जाती है। इस परीक्षा की एक दूसरी विशिष्टता यह है कि इसमें प्रतिभागियों को शब्दकोश के प्रयोग की इजाजत नहीं होती और भाषा में सीधे अनुवाद को एक ऐसे अभ्यास से स्थानापन्न कर दिया गया है जिसमें एक पाठ का सार दूसरी भाषा में लिखा जाता है, दूसरे शब्दों में प्रश्नपत्र में दिए गए वाक्यों को व्याकरण सम्मत मानकों में निर्देशानुरूप तब्दील किया जाना चाहिए। राज्य की इस मानक परीक्षा के ज़रिए आशा है कि एक बड़ा दायरा हिन्दी भाषा कौशल अर्जित करेगा।

इस किताब का तीसरा हिस्सा कुछेक विश्वविद्यालयों में हिन्दी भाषाई शोध की झलक देता है। डॉ. सुनील कुमार का पर्चा (ज़ागरेब विश्वविद्यालय क्रोएशिया) मध्य यूरोप में हिन्दी अध्यापन के एक काफ़ी महत्त्वपूर्ण मुद्दे हिन्दी कालों के संज्ञाशास्त्र को लेकर है, क्योंकि ये भाषा ग्राह्यता के मार्ग में एक बड़ी चुनौती पेश करते हैं। डॉ. सुनील कुमार ने कामता प्रसाद से प्रारम्भ कर अंग्रेज़ी और जर्मन से होते हुए स्लैवोनिक भाषाओं में उपलब्ध हिन्दी व्याकरण और पाठ्यपुस्तकों तक हिन्दी कालों और कृदन्तों (पार्टिसिपल) का एक पारिभाषिक और वर्गीकृत सर्वेक्षण किया। कामता प्रसाद द्वारा सुझाए गए संज्ञाशास्त्र की कमियों का इशारा करते हुए डॉ. कुमार कहते हैं कि, कृदन्तों का वर्गीकरण करते वक़्त यह संज्ञाशास्त्र अंग्रेज़ी से बेहद प्रभावित है। जबकि कुछ पूर्वी यूरोपीय व्याकरण जो स्लावोनिक भाषाओं के 'क्रियाकालों' से अपनी अवधारणा और परिभाषा गढ़ रहे हैं कहीं ज़्यादा सटीक हैं। डॉ. कुमार हिन्दी कालों का एक समग्र वर्गीकरण भी प्रस्तावित करते हैं।

बुखारेस्ट विश्वविद्यालय में हिन्दी भाषाई शोध सम्बन्धी अपने पहले पर्चे में प्रो. लौरेंत्स्यु थेबान नए सार्वभौम व्याकरण के विकास में हिन्दी के योगदान की परीक्षा करते हैं। सामान्य भाषा शास्त्र से सम्बन्धित प्रश्न अकसर पूरे तौर से अंग्रेजी पर आधारित निरीक्षण होते हैं। थेबान 'सार्वभौम व्याकरण' के मुखौटे में छिपे असली चेहरे यानी अंग्रेजी व्याकरण को बनेकाब करने के बाद इसके लिए हिन्दी का प्रस्ताव करते हैं और तत्पश्चात् बाद वो इस हिन्दी आधारित सार्वभौम व्याकरण की परीक्षा इसके छह सम्भव सैद्धान्तिक क्रमानुवर्ती संरचनाओं के साथ करते हैं। अपने दूसरे पर्चे में, प्रो. थेबान हिन्दी के शब्दक्रम, कारक और अनुरूपता (एग्रीमेंट) संरचना की तुलना संयुक्त राष्ट्र संघ की औपचारिक भाषाओं और फ़ीजी, मॉरीशस तथा सूरीनाम की क्षेत्रीय बोलियों के साथ करते हैं। इन भाषाओं की संज्ञाशास्त्रीय तुलना में लेखक

हिन्दी की केन्द्रीयता को इसके मौखिक रूपों और वाक्य-विन्यासीय निर्मितियों की समृद्धि के ज़रिए रेखांकित करता है।

डॉ. साबिना पोपर्लान का पर्चा बुखारेस्ट विश्वविद्यालय में शोध के आधुनिक अभिगमों का वर्णन करता है। हिन्दी कालों की विशिष्टता पर अपनी एक अंतर्दृष्टि प्रस्तुत करने के लिए वो हिन्दी को अंग्रेजी के बजाय दो यूरोपीय भाषाओं फ्रेंच और रोमानी के बरअक्स रखती हैं। लेखिका यह दिखाने का प्रयास करती है कि हिन्दी कालों की समृद्धि क्यों और कैसे निश्चितता या अनिश्चितता और निरन्तरता या कि नियमितता जैसे पहलुओं को बयान करने में है वहीं दूसरी तरफ़ फ्रेंच और रोमानी भाषाएँ या तो इन पहलुओं पर मूक हैं या उन्हें व्यक्त करने के लिए इन भाषाओं में अतिरिक्त पदों की आवश्यकता पड़ती है। भाषाओं के कालों और मौखिक रूपों का उनका यह तुलनात्मक अध्ययन हिन्दी मौखिक-तन्त्र पर शोध के महत्त्व की ओर ध्यान आकर्षित करता है।

यह कहना ग़ैर-ज़रूरी होगा की पूर्वी और मध्य यूरोप में हिन्दी शिक्षण उससे कहीं ज़्यादा समृद्ध है जितना इस किताब से ज़ाहिर होता है। यह किताब वैसे मुल्कों में हिन्दी की स्थिति का तो कुछ जायज़ा ही नहीं देती जिन्होंने यूरोपीय संघ में दाखिल होने के लिए अभी मोल-तोल भी शुरू नहीं किया है जैसे—यूक्रेन, बेलारूस या फिर सर्विया। एस्तोनिया, लातविया, स्लोवाकिया और स्लोवेनिया जैसे देशों में हिन्दी की स्थिति का भी इसमें कोई ज़िक्र नहीं है। हालाँकि ये मुल्क यूरोपीय संघ में शामिल हो चुके हैं। जिन देशों का ज़िक्र यहाँ है भी वहाँ भी एक छोटे पर्चे की चौहद्दी सविस्तार वर्णन के रास्ते में दूसरे किस्म की रुकावटें पैदा करती है। जैसा पहले ही बताया जा चुका है, यह किताब रोमानिया के ट्रांसिल्वेनिया में हंगेरियन विश्वविद्यालय के नये 'अलेक्सान्द्र ेमा दे कोरोश सेंटर फॉर ओरियंटल स्टडीज' में आयोजित एक हिन्दी सम्मेलन में प्रस्तुत पर्चों पर आधारित है। इस किताब में हंगरी के बुदापैश्त में सन् 2002 में सम्पन्न हुए मध्य और पूर्वी यूरोप के हिन्दी विद्वानों के पहले अन्तर्राष्ट्रीय सम्मेलन में पढ़े गए दो पर्चे भी शामिल हैं। कई एक वजहों से दूसरे सम्मेलन में पढ़े गए सभी पर्चों को इस संकलन में जगह नहीं मिल पाई है। संस्थानिक अवस्थितियों में हिन्दी के चरित्र और तेवर का एक ज़्यादा समग्र चित्र उपलब्ध कराने के मकसद से अगला पैराग्राफ़ उन्हीं पर्चों के कुछेक निष्कर्षों को सामने रखता है।

श्रीमती वालेन्टिला मारीनोवा (सोफ़िया विश्वविद्यालय, 'सेण्ट क्लिमेण्ट ओहरीदूस्की' बुलगारिया) ने बुलगारिया में नौसिखुओं की हिन्दी भाषा शिक्षा पर बात रखी। 1976 में सोफ़िया विश्वविद्यालय 'सेण्ट क्लिमेण्ट ओहरीदस्की' में स्थापित इंडोलॉजी का विभाग इस भाषा पर काम कर रहे इसके 11 स्थायी सदस्यों के साथ पूरे यूरोप में हिन्दी शिक्षण का एक महत्त्वपूर्ण केन्द्र है। 14-16 साप्ताहिक सम्पर्क

घण्टों वाले एक पाठ्यक्रम में दाखिले से पहले छात्रों को अंग्रेज़ी में एक प्रवेश परीक्षा देनी पड़ती है। कुछ पूर्वी यूरोपीय देशों में यह एक आम परिघटना मालूम पड़ती है कि छात्र कक्षा घण्टों के अलावा अपनी हिन्दी की पढ़ाई बाहर नहीं कर सकते। इस क्षेत्र के कठिन आर्थिक हालात के चलते विश्वविद्यालय घण्टों के बाद छात्रों को पैसे कमाने के लिए काम भी करना पड़ता है। इस विभाग में शिक्षण का एक क़ाबिले-ग़ौर पहलू क्रमशः सीधी प्रणाली से साक्षात्कार है।

श्री सुनील कुमार श्रीवास्तव (नई दिल्ली के विदेश मंत्रालय में हिन्दी के उप-सचिव), ने कम्प्यूटर सहाय्य हिन्दी शिक्षण पर चर्चा करते हुए भाषा सीखने के वास्ते हिन्दी शिक्षक नामक एक इलेक्ट्रॉनिक सहाय्य का ज़िक्र किया। यह इलेक्ट्रॉनिक प्रोग्राम बुनियादी अक्षर ज्ञान से शुरू होकर हिन्दी भाषा और साहित्य से जुड़ी सूचनाओं का गोदाम है। इसमें व्याकरण सम्बन्धी वर्णन से लेकर, प्रमुख लेखकों, छन्दशास्त्र, समानार्थक और विलोम आदि तक का ज़खीरा है। हिन्दी शिक्षक के अतिरिक्त दूसरा इलेक्ट्रॉनिक संसाधन हिन्दी गुरु है। हिन्दी गुरु वैसे तो रोमन लिप्यन्तरण के माध्यम से हिन्दी सिखाता है मगर अपनी विचित्र प्रस्तुतियों और खेलों के ज़रिए भाषा सिखाने की यह प्रक्रिया कहीं ज़्यादा जीवन्त बन जाती है।

लिथुआनिया में हुए भारतीय अध्ययन और हिन्दी पर एक दूसरे पैनल के सहभागियों ने मध्य और पूर्वी यूरोप में हिन्दी शिक्षण के इस क्षेत्र का आकार-प्रकार समझने-समझाने का प्रयास किया। डॉ. आउद्रियस बेनोरियस (विल्नियस विश्वविद्यालय के प्राच्य अध्ययन केन्द्र प्रमुख) ने लिथुआनिया में भारतीय अध्ययन का एक ख़ाका पेश किया। कोनिग्सबर्ग विश्वविद्यालय में संस्कृत शोध एक रोमांटिक राष्ट्रीय भाव—हिन्दो-यूरोपीय बन्धुत्व—के साथ उन्नीसवीं सदी में प्रारम्भ हुई जिसका आधार यह अवधारणा थी कि लिथुआनी भाषा और संस्कृत में काफ़ी करीबी सगोत्रता है। सोवियत काल के दौरान, हालाँकि, लिथुआनिया में संस्कृत और हिन्दो-यूरोपीय अध्ययन को शंका की नज़र से देखा गया और जिनकी भी रुचि इस अध्ययन क्षेत्र में थी उन्हें इसके लिए मास्को, लेनिनग्राद या ताशकन्द के विश्वविद्यालयों में जाना पड़ता। 1993 से ही 'सेण्टर ऑफ़ ओरियण्टल स्टडीज़' में भारतीय, चीनी, अरबी, इस्लाम और जापानी अध्ययन के स्नातक स्तर तक की पढ़ाई होती है। यह कार्यक्रम नृशास्त्र अध्ययन का हिस्सा है,. और भाषाई अवयव इस पूरे पाठ्यक्रम का लगभग एक तिहाई हिस्सा घेरता है। हालाँकि केन्द्र का ज़ोर भाषा शास्त्र पर आधारित एक शास्त्रीय अभिगम पर है, लेकिन यहाँ उत्तर-औपनिवेशिक, निम्न वर्गीय और लैंगिक अध्ययनों की पढ़ाई भी होती है।

सुश्री रस रंजन ने, जो विल्नियस विश्वविद्यालय के इसी केन्द्र में हिन्दी पढ़ाती हैं, लिथुआनिया में हिन्दी शिक्षण की विशिष्टताओं के सन्दर्भ में बात रखी। यहाँ हिन्दी शिक्षण 1995 से प्रारम्भ हुआ। इस शिक्षण केन्द्र का सीमा पुलिस, रेडक्रास,

राज्य सुरक्षा सेवा, और लिथुआनिया के नृ-अल्पसंख्यक विभाग के साथ सामाजिक साझे का एक करार है। जहाँ इसके स्नातकों को रोज़गार मिलता रहता है। हालिया शोध की एक झलक देते हुए, सुश्री रंजन ने लिथुआनी भाषा और हिन्दी में नातेदारी पर एक अध्ययन प्रस्तुत किया। इस अध्ययन को पेश करने का मक़सद यह दिखाना था कि वैसे तो भारतीय और लिथुआनी समाज एक दूसरे से काफ़ी अलग हैं, मगर लिथुआनी भाषा में नातेदारी का जहाँ तक सवाल है तो इस भाषा ने संयुक्त परिवार की पदावली को सुरक्षित रख रखा है।

बुखारेस्ट विश्वविद्यालय के श्री लिव्यू बोरदास ने एक नई रोमानी पत्रिका की प्रस्तुति की। इस पत्रिका का भारत पर ख़ासा ज़ोर है। पत्रिका इस उप-महाद्वीप के एक या दूसरे पहलू और विद्वानों पर केन्द्रित विशेषांक निकालती रहती है। श्री महेश सचदेव (नई दिल्ली के विदेश विभाग मन्त्रालय में सह-सचिव), ने क्षेत्र में हिन्दी शिक्षण के महत्त्व पर बात करते हुए सीधी प्रणाली पर ज़ोर दिया। सचदेव ने भारतीय सांस्कृतिक जीवन में हिन्दी के बढ़ते महत्त्व पर भी प्रकाश डाला। हिन्दी के बढ़ते महत्त्व को स्पष्ट करते हुए उन्होंने बताया कि कैसे महज़ तीन भारतीय अंग्रेज़ी चैनलों के मुकाबले हिन्दी के लगभग तीस चैनल मौजूद हैं।

प्रो. यैनो ज्योरफी (संकाय प्रमुख, एम.क्यू परिसर, सपिएंत्सिया विश्वविद्यालय) ने विश्वविद्यालय में भारतीय अध्ययन के महत्त्व पर प्रकाश डाला। ज्योरफी ट्रांसिल्वेनिया में प्राच्य अध्ययन की गहरी परम्परा से इसके जुड़ाव का हवाला देते हैं।

हालाँकि, यह संकलन किसी लिहाज़ से पूर्ण नहीं कहा जा सकता। फिर भी मैं उम्मीद करता हूँ कि मध्य और पूर्व यूरोप में हिन्दी अध्ययन की समृद्धि की कुछ झलक इससे अवश्य मिलेगी। और ज़्यादा से ज़्यादा लोगों में कमोबेश अल्पज्ञात रहे इस क्षेत्र में हिन्दी पढ़ने-पढ़ाने का उत्साह पैदा होगा।

हिन्दी अध्यापन : अतीत तथा वर्तमान

चार्ल्स विश्वविद्यालय (चेक गणराज्य) में हिन्दी और हिन्दी साहित्य

❑ दागमार मारकोवा

प्राग के चार्ल्स विश्वविद्यालय में हिन्दी सन् 1950 से पढ़ाई जाती है। आजकल हिन्दी पढ़ने में दिलचस्पी शायद पहले से ज़्यादा ही है। विद्यार्थियों की संख्या पहले से ज़्यादा होती जा रही है। हर साल हिन्दी की कक्षाएँ नहीं लगतीं, अक्सर दो साल बाद लगती हैं। अब भी कोटा है लेकिन पहले से बड़ा है। फिर भी सब रुचि रखनेवालों को नहीं लिया जा सकता है। क्योंकि प्रवेश-परीक्षा देनी पड़ती है जिसमें एक तो इस बात का पता लगाया जाता है कि रुचि रखनेवाले की भाषाएँ पढ़ने की कुछ योग्यता है या नहीं, फिर बातचीत के रूप से पता लगाया जाता है कि क्या उनको भारत में वास्तविक दिलचस्पी है, क्या उन्होंने भारत के बारे में कुछ पुस्तकें पढ़ी हैं और हिन्दी आदि पढ़ना वे क्यों चाहते है। बी.ए. का कोर्स तीन साल का है, फिर एम.ए. का दो साल का है। पढ़ने के कम से कम दूसरे साल से लेकर हिन्दी के साथ-साथ कोई और विषय पढ़ना जरूरी है जैसे नृजाति-विज्ञान, धार्मिकी या कोई और भाषा।

केवल भाषा ही नहीं, हिन्दी साहित्य भी पढ़ाया जाता है। हम यह चाहते हैं कि साहित्य पढ़ाना केवल लेखकों और उनकी कृतियों की सूची ही न हो बल्कि रचनाओं, आंदोलनों आदि के बारे में ज़्यादा से ज़्यादा बताया जाए और सामाजिक संदर्भ में बताया जाए। बात यह है कि किसी संस्कृति का साहित्य समझना दूसरी संस्कृति के लोगों के लिए कभी-कभी मुश्किल होता है, इसलिए सामाजिक संदर्भ के बारे में ज़्यादा से ज़्यादा बताना ज़रूरी है। क्लास के साथ-साथ सेमिनार भी चलते हैं, विद्यार्थी निबंध लिखते हैं, बी.ए. और एम.ए. की थीसिस लिखते हैं जिसमें अपने विचार व्यक्त करते हैं।

कुछ साल पहले एक लड़की (ईवा प्रोकोपोवा) ने अपने निबंध में लिखा :

''चेक भाषा में अभी तक कम ललित साहित्य अनूदित हुआ और इसमें से मैंने बड़ी दिलचस्पी से कमलेश्वर की पुस्तक 'समुद्र में खोया हुआ आदमी' पढ़ी।

पढ़कर मन पर कुछ उदासी सी छा गई भारीपन छा गया। मानो कि मैंने कोई अनजाना विदेशी फल खा लिया हो जिसका स्वाद मालूम नहीं था और जिसे छीलना चाहिए था जो मुझे सूझा नहीं था और जो मुझ यूरोपीय को किसी ने नहीं बताया था।''

जिसका मतलब था कि जिस मानसिकता का चित्रण उपन्यास में है उसमें से बहुत कुछ यूरोपीय लोगों/छात्रों की समझ में नहीं आ पाता।

भारतीय समाज में पुरानी रूढ़ियाँ और परंपराएँ आज भी जीवित हैं। आधुनिक हिंदी कहानी में इसका चित्रण कैसे होता है इस विषय को लेकर क्लारा मिचकलोवा ने निबंध लिखा। उदाहरण के लिए उसने राजेंद्र यादव की कहानी 'खेल-खिलौने' का विश्लेषण किया। इस कहानी में प्रतिभाशाली बहुत पढ़ी-लिखी लड़की नलिनी का चरित्र है जिसकी शादी ज़बरदस्ती कर दी गई पहले उसको बहुत पढ़ने दिया गया था, फिर शादी कर दी गई ससुराल में उसकी सारी पढ़ाई किसी काम में नहीं आई हमारी विद्यार्थिनी ने लिखा कि ''नलिनी दो प्रतिरोधी प्रवृत्तियों के बीच आ गई–एक तरफ उसको उच्च शिक्षा मिली, दूसरी तरफ पत्नी और भविष्य में माँ की परंपरागत भूमिका अदा करनी है। यह टकराव उसका दुर्भाग्य बन गया, इसमें वह टूट गई'' रादका त्सलाब्कोवा ने एम.ए. की थीसिस आधुनिक हिंदी नाटक पर लिखी, विशेषकर लक्ष्मीनारायण लाल पर। इसमें विशेष ध्यान 'अंधा कुआँ' नाटक पर दिया गया। जिसका मुख्य उद्देश्य स्त्री को रूढ़िवादी बंधनों से मुक्त करना था–"यह समझने के लिए कि कथन में कितना साहस है, सुदूर महाद्वीप के करोड़ों लोगों की भावनाएँ समझना जरूरी है जिनका तर्क युगों पुरानी परंपरा पर आधारित है।''

इवेत्ता नोवाकोवा की एम.ए. की थीसिस का शीर्षक है–'हिंदू परिवार में बालक का स्थान और नवें दशक की हिंदी कहानी में इसका चित्रण।' थीसिस 'बचपन की कहानियाँ' संकलन (प्रभात प्रकाशन 1986) के आधार पर लिखी गई थी। विद्यार्थिनी ने उपसंहार में लिखा कि ''संकलन के संपादक गिरिराज कुमार बच्चों की कहानियों का इतना विविध चयन करने में सफल हुए कि जिस सामाजिक स्थिति में नगरीय मध्यवर्ग का बालक रहता है इसका सजीव चित्र पाठक के सामने उभरता है।''

एलेना टेयलोरोवा ने जैनेंद्रकुमार के उपन्यासों के विषय में लिखा। जोर इस बात पर दिया कि उनके पाठक को प्रेरणा मिलती है कि वह स्वयं किसी नतीजे पर पहुँचे। साथ ही सब उपन्यासों की मुख्य धारणा है कि सच्ची अहिंसा में सक्रियता है, निष्क्रिय विरोध नहीं। अहिंसक सक्रियता की सफलता सब मानवीय दुख को सार्थक बनाता है।

मिखाएला वान्योवा ने अमृत राय और नई कहानी के विषय में लिखा। वह इस नतीजे पर पहुँची कि छठे दशक में अमृत राय नई कहानी के समीप आये थे। उसके पहले की कहानियों में समाज, समष्टि पर ज्यादा जोर दिया जाता था, सन्

1956 से लेकर व्यष्टि पर, मनुष्य की व्यक्तिगत समस्याओं पर।

स्तानिस्लाव मुन्दिल की एम.ए. की थीसिस का विषय गुलशेर खान शानी की कृति है। लिखा है कि मुसलमान होने के कारण शानी की स्थिति जैसे एक जरा अलग रहने वाले प्रेक्षक की स्थिति थी कि यूरोप में यहूदी लेखकों की होती थी, जिसे आसपास की दुनिया ज्यादा स्पष्ट और दूसरे संदर्भों में नजर आती है। आगे एक जगह लिखा है कि शानी की सभी रचनाएँ किसी अंश तक उनकी आत्मकथाएँ हैं। अपनी आपबीती में से प्रसंग चुनना भारत में मुश्किल है क्योंकि भारत की विविधता में कथानक मिलने के लिए किसी भी शहर, कसबे या गाँव की सैर काफी है, प्रसंग सड़क पर चलते-चलते मिल जाते हैं।

पेत्रा वोक्रालोवा ने भी गुलशेर खान शानी के विषय में निबंध लिखा। इसमें लिखा है : ''शानी का महत्त्व इसमें देखना है कि वे हिंदू और मुसलमान समुदायों की समस्याओं को किसी भी धर्म के पाठक के सामने कैसे प्रस्तुत करते हैं। उनकी कहानियों में अक्सर हिंदू-मुसलमानों में दोस्ती या शांतिपूर्ण सह-अस्तित्व की बात आती है। आगे वह भारत में रहनेवाले मुसलमान की अनुभूतियों का चित्रण करते हैं जिसे भारत और पाकिस्तान के बीच के तनाव के कारण आम तौर पर अविश्वास और शक से देखा जाता है। "ऐसा कहा जा सकता है कि शानी धर्म-निरपेक्षतावादी गद्यकार थे जो धार्मिक सहिष्णुता की स्वाभाविकता की घोषणा और रक्षा करते थे। इस प्रयत्न के कारण हिंदी में लिखनेवाले लेखकों में उनका विशेष स्थान है।''

विद्यार्थी निबंध या थीसिस लिखने के लिए अक्सर आधुनिक साहित्य की रचनाएँ चुनते हैं। मध्यकालीन साहित्य की भाषा विद्यार्थियों के लिए मुश्किल है, इसलिए भी मुश्किल है कि यह एक भाषा नहीं, बहुत कुछ है। फिर भी उन में से कुछ विद्यार्थी मध्यकालीन कविता भी पढ़ते हैं, समझने की कोशिश करते हैं और निबंध या थीसिस के लिए चुन लेते हैं। एक लड़की (मारगरिता वक्रमनोवा) ने अपनी बी.ए. की थीसिस कबीर की कविता को लेकर लिखी। उदाहरण के लिए कुछ दोहों का विश्लेषण किया जिनके अनेक अर्थ लगाए जा सकते हैं, जैसे–

अंध से दर्पण वेद पुराना–
दरबी कहा महारस जाना।
जस खर चंदन लेदेउ भारा
परिमल बास न जान गवारा।
कहहीं कबीर खोजइ असमाना
सो न मिला सो जाय अभिमाना।

विद्यार्थिनी ने लिखा है कि आरंभ के और अंत के दो-दो अर्थ लगाये जा सकते हैं, आरंभ का एक अर्थ हो सकता है कि वेदों और पुराणों का दर्पण अंधा है, दूसरा

यह कि अंधा वह है जिसके लिए वेद और पुराण दर्पण हैं। फिर अंत में जो वाक्य है "सो न मिला सो जाय अभिमाना" इसका एक अर्थ लगाया जा सकता है कि ऐसा व्यक्ति न मिला जो अभिमान से वंचित कर दे, दूसरा अर्थ यह कि ऐसा कुछ न मिला जो अभिमान से वंचित कर दे।

लुकाश ख्मेलीक ने बी.ए. की थीसिस मीराबाई के बारे में लिखी। इसमें दिक्कत यह थी कि एक तो मीरा के भजन मूल में मिलना मुश्किल थे, दूसरे यह कि जो मूल में मिले उनकी भाषा समझना तृतीय वर्ष के विद्यार्थी पढ़नेवाले लड़के के लिए मुश्किल थी। ज्यादातर आधुनिक रूपांतरण पढ़ने पड़े। निष्कर्ष यह निकाला कि मीरा के भजनों में भगवान न एकदम सगुण है न एकदम निर्गुण। मीरा की भक्ति का निर्गुण पक्ष इसमें देखा कि मीरा के लिए भक्ति पाने का अर्थ अपनी आत्मा पाना है। मीरा की भक्ति भागवतपुराण की विचारधारा से बहुत भिन्न है।

इस तरह के और भी निबन्ध और शोध विद्यार्थियों ने लिखे हैं और आशा है कि आगे भी लिखेंगे। आजकल ये लोग पढ़ने के दौरान कम से कम एक बार भारत जाने की कोशिश करते हैं और जाने का मौका भी मिल जाता है। एक तरफ उपन्यासों और कहानियों में जो चित्रण मिलता है इसकी वास्तविकता से तुलना करने का मौका मिलता है और दूसरी तरफ जो भारत आने पर देखने को मिलता है इसका चित्रण उपन्यासों और कहानियों में ढूँढ़ते हैं।

बल्गेरिया में हिन्दी भाषा के उच्च अध्यापन की पद्धति

❑ वान्या गांचेवा

बल्गेरिया के सोफिया विश्वविद्यालय के भारत-विद्या विभाग में दूसरे कोर्स से लेकर चौथे कोर्स तक हिन्दी भाषा का प्राध्यापन ऐसी शिक्षा योजना के अनुसार किया जाता है जिसमें सन् 1990 से लेकर सन् 2000 तक विभिन्न प्रयोग किये जाते रहे और सन् 2000 में इन योजनाओं को अन्तिम रूप से स्वीकृति दे दी गई इन कोर्सों में हिन्दी भाषा के प्राध्यापन के तीन स्तर हैं।

पहले स्तर का प्राध्यापन मध्यम गति से 'उच्च हिन्दी शिक्षण-भाग 2' की पाठ्यपुस्तक के माध्यम से किया जाता है। यह पाठ्यपुस्तक दूसरे कोर्स के विद्यार्थियों के लिए है। विषयों और मुख्य उद्देश्य के दृष्टिकोण से इसका 'उच्च हिन्दी शिक्षण-भाग 1' पाठ्यपुस्तक से सीधा सम्बन्ध है। उसका मुख्य उद्देश्य है कि 360 शैक्षिक घंटों के अंदर (360 घंटे माने साल में 30 सप्ताह और हर सप्ताह में 12 घंटे) पहले कोर्स में प्राप्त हुए भाषिक ज्ञान को ज़्यादा मज़बूत कराया जाए और उनके ज्ञान को बढ़ाया जाए। उसका उद्देश्य यह भी है कि विद्यार्थियों की लिखित और मौखिक हिन्दी की भाषा-वैज्ञानिक, संप्रेषणशील, समाज-भाषाई और वर्णनात्मक कुशलता को बढ़ाया जाए। दूसरे कोर्स के अंत में विद्यार्थियों को लगभग 4500 शब्द जानने चाहिए। पाठ्यपुस्तक में मुख्य क्रियात्मक शैलियों के टेक्स्ट शामिल हैं। ये शैलियाँ—वैज्ञानिक, लोक प्रचलित (Popular) और कुछ हद तक साहित्यिक भी। इन शैलियों से संबंधित शब्दों और वाक्य-रचना के बारे में ज्ञान को मज़बूत करने पर विशेष ध्यान रखा गया है।

शिक्षण उद्देश्य को पूरा करने के लिए विदेश-भाषिक अध्यापन की बहु-उद्देशीय पद्धति लागू की गई है—वहाँ औपचारिक-वर्णनात्मक (formal-descriptive), क्रियात्मक (functional-semantic) और संप्रेषणशील (communicative) पद्धतियों का मिश्रण है और हर पाठ के अलग-अलग स्तर पर वे पद्धतियाँ अपनी उपयुक्त जगह पर हैं। पद्धतियों के समूह के आधार पर विद्यार्थियों का भाषिक अनुभव और उनकी बातचीत

करने की कुशलता धीरे-धीरे बढ़ती जाती है। ऊपर दी गई शैलियों के पाठ के सहयोग से काम करने की कुशलता प्राप्त की जाती है और इसके साथ-साथ इन टेक्स्टों की सहायता से भारत की सांस्कृतिक, ऐतिहासिक, सामाजिक-राजनैतिक और मानव-जाति से संबंधित जानकारी भी दी जाती है। इस तरह व्यवहार में हिन्दी भाषा अध्यापन के मुख्य उद्देश्य को कार्यान्वित किया जाता है जो है—भाषा की सभी शैलियों और उनसे संबंधित भेदों का क्रमिक अध्ययन और अधिग्रहण करना। पाठ्यपुस्तक में 11 मूल टेक्स्ट शामिल हैं। हर एक टेक्स्ट के बाद तरह-तरह के अभ्यास हैं, गृह-कार्य के लिए भी टेक्स्ट हैं। यह कार्य पाठ्यपुस्तक के अंत में दिए गए हिन्दी-बल्गेरियन-अंग्रेज़ी शब्दकोश की सहायता से किया जाता है। इस शब्दकोश में 1500 नए शब्द शामिल किए गए हैं। हर एक पाठ द्वारा नए शब्दों की निश्चित संख्या प्रस्तुत की जाती है और पूर्व पाठों से प्राप्त हुए ज्ञान को दोहराया जाता है ताकि उसे और मज़बूत किया जा सके। हर एक पाठ का अध्यापन 30 शैक्षिक घंटों के दौरान किया जा रहा है और इसके कई भाग हैं। वे हैं—पाठ की प्रस्तुति, नए शब्दों को समझाना (यदि ज़रूरत हो तो शब्द के सभी अर्थ दिए जाते हैं) बाद में आते हैं शाब्दिक और मुहावरेदार अभ्यास, रूपांतरकारी व्याकरणिक और वाक्य-रचना के अभ्यास, संक्षेप में टेक्स्ट सुनाने के अभ्यास, श्रुतलेख, हिन्दी से बल्गेरियन में और बल्गेरियन से हिन्दी में अनुवाद करने के अभ्यास, निबंध लिखने में प्रारंभिक ज्ञान प्राप्त करने के अभ्यास।

नए पाठ की प्रस्तुति हिन्दी भाषा में शुरू की जाती है बिना माध्यम भाषा की सहायता से। विषय बताया जाता है और परिचित शब्दों की सहायता से संक्षिप्त स्पष्टीकरण दिए जाते हैं। नए अपरिचित शब्दों को मातृभाषा की सहायता से समझाया जा सकता है (मतलब उनका अनुवाद दिया जाता है) लेकिन यह भी संभव है कि केवल हिन्दी भाषा के माध्यम का प्रयोग किया जाए—अपरिचित शब्दों का विश्लेषण, पर्याय, विलोम और अर्थ आदि।

शाब्दिक और मुहावरेदार अभ्यास कक्षा में किए जाते हैं क्योंकि वे पाठ के अगले स्तर पर किए जाने वाले काम की प्रभावशीलता और सफलता का मौका देते हैं।

रूपांतरकारी अभ्यास की सहायता से न केवल विभिन्न व्याकरणिक विशेषताओं के बारे में ज्ञान सुदृढ़ किया जाता है। बल्कि इस ज्ञान को स्वतंत्र रूप से लागू करने की कुशलता भी प्राप्त की जाती है। इन अभ्यासों का कुछ भाग गृह-कार्य के लिए भी दिया जा सकता है क्योंकि वे अभी तक प्राप्त हुए ज्ञान का सामान्यीकरण हैं।

संक्षेप में टेक्स्ट सुनाने के अभ्यास के दो दौर हैं—मौखिक, जो क्लास में किया जाता है और लिखित—घर के लिए।

हर एक पाठ में श्रुतलेख भी है जिसका उद्देश्य है कि विद्यार्थियों की शब्द

सुनने और पहचानने की कुशलता विकसित हो सके।

श्रुतलेख की जाँच, उसे ठीक करना और उसका अनुवाद करना घर के काम के लिए दिया जा सकता है।

बल्गेरियन भाषा से हिन्दी में अनुवाद करने के लिए दिए गए टेक्स्ट क्लास में मौखिक रूप में कराये जाते हैं और घर में विद्यार्थी उस अनुवाद को लिखित रूप में तैयार करते हैं।

निबंध लिखने का ज्ञान प्राप्त करने के लिए अभ्यास एक प्रारंभिक चरण है और हिन्दी भाषा पढ़ाने की रणनीति का अभिन्न अंग है। यह प्रारंभिक चरण एक आधार तैयार करता है ताकि भाषा अध्यापन के अगले स्तर पर (तीसरे कोर्स में) विद्यार्थी पहले से दिए गए विषय पर स्वतंत्र रूप से निबंध लिख सकें।

पाठ्यपुस्तक में शामिल मूल टेक्स्ट और अभ्यासों के नमूने हिन्दी भाषा के क्रमिक अध्यापन के मुख्य उद्देश्य पर आधारित हैं और उनका चयन इसी आधार पर किया गया है। ये टेक्स्ट और विषय हैं :

1. सूर्य-ग्रहण के दिन
2. भारत की भौगोलिक स्थिति (2 भागों में)
3. नागालैण्ड
4. भारत का इतिहास
5. युगपुरुष गाँधी
6. धर्मनीति का पुरस्कार
7. उगादी
8. हमारी संसद
9. भारतीय शासन-विधान
10. विज्ञान को प्राचीन भारत का योगदान
11. उनकी पत्नी (कहानी)

दूसरे स्तर पर हिन्दी भाषा का अध्यापन—तीसरे कोर्स में—विद्यार्थियों को इस काम के लिए तैयार करता है कि वे आधुनिक हिन्दी भाषा को लिखित और मौखिक रूप में स्वतंत्र रूप से जान लें। इस स्तर पर अध्यापन मध्यम गति से किया जाता है जिसका उद्देश्य है कि विद्यार्थी प्रचलित सामाजिक-राजनैतिक शब्दकोश सीख सकें। इस स्तर पर साहित्यिक अनुवाद करने का काम भी ज़्यादा सुदृढ़ बन जाता है। पिछले स्तर पर प्राप्त किये गए भाषिक ज्ञान को मज़बूत और विकसित करना इसका मुख्य उद्देश्य है। इस बात पर भी ज़ोर दिया जाता है कि वे समाचार-पत्रों का लिखित और मौखिक अनुवाद करना सीखें। इन समाचारों के विषय होते हैं : मंत्री और मंत्रिमंडल, संसद, शासन-विधान, राजनैतिक दल और संगठन, विश्व संगठन और आंदोलन, यात्राएँ और मुलाकातें, वार्ता, समझौते और संधियाँ, देशों का

सहयोग, अर्थ-व्यवस्था, व्यापार और व्यापारिक संबंध, बैंक और वित्त। साहित्यिक शैली के टेक्स्ट हैं—निबंध, कहानी, जीवनवृत्त, यात्रा-वर्णन, व्यंग्य।

इस चरण में साहित्यिक अनुवाद पढ़ाते समय मूल शब्दों पर खास ध्यान रखा जाता है—उनको कहते हैं realia और ये हैं भौतिक संस्कृति, इतिहास, राजकीय शासन संस्थाओं, राष्ट्रीय और लौकिक चरित्रों आदि के ऐसे नाम जो केवल भारत के सामाजिक-सांस्कृतिक रीती-रिवाज़ों से संबंधित हैं। इनके अलावा अर्थगत और भावात्मक पृष्ठभूमि के झलकवाले शब्दों पर भी ध्यान दिया जाता है। रेयालियों का अनुवाद किस तरह किया जाए यह सीखा जाता है और इसके साथ-साथ भावात्मक realia को समझने की कुशलता प्राप्त की जाती है। विभिन्न पृष्ठभूमि वाली जानकारी के शब्द नीचे लिखे हुए विषयों में बाँटे गए हैं : **रहन-सहन से संबंधित शब्द** (यहाँ आते हैं घर, सामान, पहनावा, खाना, कार्य और काम, पैसे, वाद्य-यंत्र, लोक गीत और नृत्य, शास्त्रीय संगीत, लोक-त्योहार, खेल आदि); **मानव जाति शास्त्र और मिथक से संबंधित शब्द** (यहाँ आते हैं मानवीय और सामाजिक समुदाय और उनके प्रतिनिधि, प्रसिद्ध जगहें, देवता, कथाओं के चरित्र, मिथकों के प्रतीक); **प्रकृति से संबंधित शब्द** (पशु, पेड़-पौधे, भू-दृश्य आदि); **राज्य-प्रशासन की प्रणाली से संबंधित शब्द**—वे पुराने और आधुनिक होते हैं (प्रशासनिक संगठन और राष्ट्रीय संस्थाएँ, सामाजिक संगठन, दल, उद्योग और कृषि, व्यापारिक संगठन, मुख्य सैनिक शाखाएँ, व्यवसाय आदि); **निजी नाम बताने वाले शब्द** (व्यक्तियों के नाम, भौगोलिक जगहों के नाम, साहित्यिक चरित्रों के नाम, कंपनियों, संग्रहालयों, रंगमंचों, दुकानों, हवाई अड्डों के नाम) और अंत में **भावात्मक रेयोलया बताने वाले शब्द** (ये हैं पेड़-पौधे, पशु और रंग के प्रतीक, लौकिक, ऐतिहासिक और साहित्यिक संकेत, भाषिक संकेत, मुहावरे, कहावतें, प्रचलित पदबंध आदि)।

ये सब विषय 192 शैक्षिक घंटों में पढ़े जाते हैं और इन विषयों के अध्यापन के माध्यम से विद्यार्थी हिन्दी से बल्गेरियन में और बल्गेरियन से हिन्दी में अनुवाद करना तथा पढ़े हुए टेक्स्टों से संबंधित विषय पर निबंध लिखना सीख लेते हैं।

तीसरे स्तर की पढ़ाई (चौथे कोर्स) का उद्‌देश्य यह है कि विद्यार्थी आधुनिक हिन्दी भाषा लिखित और मौखिक रूप में स्वतंत्रता से जानें। 320 शैक्षिक घंटों में विद्यार्थियों की साहित्यिक और समाचार-पत्र की शैली के भिन्न टेक्स्टों का अनुवाद करने की कुशलता बढ़ती जाती है। प्रशासनिक शैली के ऊपर भी काम किया जाता है।

मुख्य उद्‌देश्य है कि विद्यार्थियों का भाषिक और अभिव्यक्तिशील ज्ञान मज़बूत और विकसित हो जाए ताकि वे भारतीय वातावरण में भी स्वतंत्र रूप से अपना शब्द चयन कर सकें और भारतीयों के साथ स्वतंत्र रूप से बातचीत कर सकें। इस उद्‌देश्य को पूरा करने का रास्ता है—विभिन्न शैलियों के टेक्स्टों के ऊपर (जैसे

निबंध, कहानी, उपन्यासों के भाग, कविता) और विभिन्न विषयों से संबद्ध समाचारों के ऊपर काम करना। ये विषय हैं—बैंक कार्य और वित्त, अंतर्राष्ट्रीय आर्थिक संगठन, अंतर्राष्ट्रीय संबंध, राजनैतिक वातावरण, भूमंडलीकरण, सूचना तकनीक काल, इकोलॉजी, अंतर्राष्ट्रीय वैज्ञानिक सहयोग, अंतर्राष्ट्रीय पहल, प्रशासनिक कार्य, औपचारिक पत्र-व्यवहार। हिन्दी भाषा के सभी स्तरों के अध्यापन के फलस्वरूप प्राप्त ज्ञान की जाँच सतत मूल्यांकन द्वारा की जाती है जिसमें शामिल हैं—श्रुतलेख, लिखित अनुवाद और निबंध लिखना—और वार्षिक मूल्यांकन (वार्षिक लिखित और मौखिक परीक्षा जिसके चार बिंदु हैं : श्रुतलेख, हिन्दी से बल्गेरियन में और बल्गेरियन से हिन्दी में अनुवाद और निबंध लेखन)। वार्षिक और अंतिम परिणाम के रूप में 6 अंक वाली प्रणाली का प्रयोग किया जाता है।

रोमानिया के एक नये विश्वविद्यालय में हिन्दी

❑ इमरै बंघा

विश्व में हिन्दी भाषा का प्रचार बढ़ता जा रहा है। यद्यपि पश्चिम यूरोप के कुछ प्रसिद्ध विश्वविद्यालयों में हिन्दी की पढ़ाई बंद हो गयी है (जैसे इंग्लैण्ड के योर्क विश्वविद्यालय में) या बंद होने के खतरे में है (जैसे आक्सफ़र्ड विश्वविद्यालय में) तथापि अमेरिका में दक्षिण एशियाई विभागों में हिन्दी विषयों पर काम करनेवाले प्राध्यापकों की संख्या बढ़ती जा रही है। पूर्वी और मध्य यूरोप में हिन्दी के अध्ययन की एक लंबी परंपरा चली आ रही है और यहाँ के अध्ययन केन्द्रों में आर्थिक पृष्ठभूमि सीमित होने पर भी हिन्दी की पढ़ाई जारी है।

जैसे इस संकलन से मालूम पड़ता है मध्य और पूर्वी यूरोप में हिन्दी का अध्ययन आर्थिक समस्याओं के बावजूद भी एक लोकप्रिय विषय रहा है। यहाँ तक कि एक-दो नये स्थानों पर भी हिन्दी की पढ़ाई शुरू हो गयी है। इस पेपर में भी एक ऐसे नये विश्वविद्यालय की चर्चा होगी जहाँ हिन्दी का अध्ययन हाल में ही आरंभ हुआ है।

ट्रांसिल्वेनिया रोमानिया का पश्चिमी भाग है जहाँ रुमेनियन लोगों के साथ हंगेरियन लोग भी बड़ी संख्या में रहते हैं। इन हंगेरियन लोगों को अपनी भाषा के माध्यम से पढ़ाने के लिए सन् 2001 में 'सपिएंत्सिया हंगेरियन विश्वविद्यालय' की स्थापना हुई है। हालाँकि विश्वविद्यालय अपेक्षाकृत छोटा है फिर भी इसके चार शहरों में स्थित चार 'कैंपस' पर छात्रों और प्राध्यापकों की संख्या हर साल बढ़ती जा रही है। मानवशास्त्र का विभाग मेरकुरेया चुक (हंगेरियन भाषा में चीकसैरैदा) शहर में है जहाँ अब तक रुमेनियन तथा अँग्रेजी भाषा और साहित्य में बी. ए. पाठ्यक्रम शुरू हो गया है। यहाँ के मानवशास्त्र विभाग के अंतर्गत 2003 में दक्षिण तथा मध्य एशिया के अध्ययन-अध्यापन के लिए अलेक्सान्द्र चोमा दे कोरोश प्राच्य विद्या केन्द्र की स्थापना हुई

अलेक्सान्द्र चोमा दे कोरोश प्राच्य विद्या केन्द्र में चार तरह का कार्य चल रहा है—अध्यापन, शोधकार्य, साधारण लोगों के बीच पूर्वी संस्कृतियों का प्रचार तथा

निधि-संचयन (फ़ंडरेज़िंग)।

विश्वविद्यालय का सबसे महत्त्वपूर्ण काम अध्यापन है और प्राच्यविद्या केन्द्र पर भी अध्यापन-कार्य को विशेष महत्त्व दिया जाता है। हमारा उद्‌देश्य यह है कि हिन्दी या संस्कृत आदि भाषाओं में स्वतंत्र डिग्री कोर्स चालू करें लेकिन आर्थिक पूँजी के अभाव में अब तक यह नहीं कर पाये। फिर भी विश्वविद्यालय में एक सार्वजनिक हिन्दी कोर्स चालू किया है जिसमें सिर्फ़ विश्वविद्यालय के छात्र ही नहीं परन्तु सारे शहर और जिले के लोग आते हैं। भारतीय संस्कृति का अध्ययन अंग्रेजी पढ़ने वाले छात्रों के बीच डिग्री कोर्स के अंतर्गत भी शुरू हो गया है। अंग्रेजी में बी. ए. करने वाले छात्रों को उत्तरोपनिवेशिक साहित्य के तौर पर भारत का अंग्रेजी साहित्य (रवीन्द्रनाथ, आर. के. नारायण, राजा राव, अरुंधति राय आदि) पढ़ाया जाता है जिसके माध्यम से छात्र भारत की संस्कृति से अवगत होते हैं और कभी-कभी इससे प्रेरित होकर हिन्दी का अध्ययन भी शुरू करते हैं।

हमारे प्राच्यविद्या केन्द्र का एक महत्त्वपूर्ण क्रियाकलाप शोधकार्य है। केन्द्र में विविध विषयों को लेकर शोधकार्य चल रहा है और इनमें से अधिकतर काम हिन्दी से संबंधित है। शोधकार्य की दो मुख्य दिशाएँ हैं। एक बहुत जरूरी काम ट्रांसिल्वेनिया के हंगेरियन संस्कृति से संबंधित है। चूँकि हमारे विश्वविद्यालय का एक उद्देश्य रोमानिया में हंगेरियन संस्कृति का समर्थन है, प्राच्यविद्या केन्द्र की एक योजना ट्रांसिल्वेनिया में प्राच्यविद्या के इतिहास का अध्ययन है।

यद्यपि ट्रांसिल्वेनिया और एशिया के देशों में हाल में कम संपर्क रहता है, तथापि यहाँ के अच्छे से अच्छे विद्वानों या यात्रियों की पूर्वी देशों में रुचि बनी रही है। हंगेरियन भाषा तो फ़िन्नो-यूग्रिक है (अर्थात् फ़िनिश तथा एस्तोनियन से संबंध रखती है) और यूरोप में बोली जाने वाली सब से बड़ी ऐसी भाषा है जो भारोपीय नहीं है। और यह सब लोग जानते हैं कि हंगेरियन जाति कहीं पूरब से आधुनिक हंगेरी की भूमि पर आयी। पूरब में रहते हुए मध्येशिया की इरानी और तुर्की जातियों से राजनैतिक और सामाजिक संपर्क भी रहा और इन इरानी-तुर्की संपर्कों की वजह से हमारी भाषा में इरानी और तुर्की शब्द प्राचुर्य से मिलते हैं। मिसाल के लिए हंगेरियन में दस को 'तीज', हजार को 'ऐजेर' और बहादुर को 'बातोर' कहते हैं। मध्यकाल में हंगेरी तथा ट्रांसिल्वेनिया का ओत्तोमान तुर्की साम्राज्य से घना संबंध था और हंगेरी का एक बड़ा भाग डेढ़ सौ वर्ष तक उस साम्राज्य का एक हिस्सा रहा। उस जमाने में तुर्की जबान में अनूदित पाठ से 'पंचतंत्र' का सबसे पुराना हंगेरियन अनुवाद हुआ।

उन्नीसवीं सदी में हंगेरियन प्राच्यविदों का एक लंबा सिलसिला शुरू हुआ जिसमें ट्रांसिल्वेनिया के कई विद्वान भी जुड़े हुए थे। सबसे प्रसिद्ध हंगेरियन प्राच्यविद अलेक्सान्द्र चोमा दे कोरोश थे जिन्होंने पहले जंस्कार फिर कलकत्ते के

एशियाटिक सोसाइटी में रहकर तिब्बती शब्दकोश तथा व्याकरण की रचना की। चोमा दे कोरोश का जन्मस्थान हमारे शहर से थोड़ी दूर पर है, और उनके नाम से इस प्राच्यविद्या केन्द्र की स्थापना हुई चोमा दे कोरोश के अलावा ट्रांसिल्वेनिया में प्राच्यविद्या के बहुत सारे हंगेरियन विद्वान उत्पन्न हुए जिन्होंने हंगेरियन जाति के प्रागैतिहासिक संबंधों में काम किया और जो हमारे रिश्तेदार पूरब की जातियों के बीच ढूँढ़ने लगे। इस अनुसंधान के दौरान बहुत विद्वानों ने तुर्की जबान सीखी। हंगेरियन प्राच्यविद्या का दृष्टिकोण अंग्रेजी विद्वानों जैसा उपनिवेशिक नहीं था। हंगेरियन लोग पूर्वी जातियों में अधिकतर अपने पूर्वज-रिश्तेदारों को ढूँढ़ते थे। हम इन्हीं विद्वानों की जीवनियों, उनकी प्रेरणा और उपलब्धियों पर आगामी कुछ सालों में प्रदर्शिनी, लेख तथा फिल्म पेश करने वाले हैं।

हंगेरियन संस्कृति से संबंधित हमारा एक दूसरा काम भारतीय साहित्य का हंगेरियन अनुवाद है। भारतीय अंग्रेजी साहित्य की कुछ कहानियों का अनुवाद (आर. के. नारायण, मनोज दास, राजा राव) अब प्रकाशनाधीन है और अंग्रेजी से और उर्दू से अब भी कुछ अनुवाद किया जा रहा है। आगे चलकर शायद हिन्दी कहानियों का कुछ अनुवाद भी प्रकाशित कर सकेंगे।

हमारा शोधकार्य सिर्फ़ हंगेरियन प्राच्यविद्या तक सीमित नहीं है। अंतर्राष्ट्रीय स्तर पर केन्द्र में मध्यकालीन हिन्दी से अंग्रेजी अनुवाद और पाठ-संपादन का काम भी हो रहा है। पाठ-संपादन के अंतर्गत गोस्वामी तुलसीदास की 'कवितावली' का, बुंदेलखंडी ठाकुर के कवित्त-सवैयों का, दादू दयाल के शिष्य वाजीद की रचनाओं का तथा सोलहवीं-अठारहवीं शताब्दियों में नागरी लिपि में लिखित अपरिचित खड़ी बोली साहित्य का आलोचनात्मक संपादन हो रहा है।

अनुवाद तथा पाठ-संपादन के अंतर्गत हम हिन्दी के कुछ अपरिचित पक्षों को प्रस्तुत करना चाहते हैं। बहुत सारे हिन्दी भाषियों को भी जानकारी नहीं है कि मध्यकाल में हिन्दी में भी जैन साहित्य की रचना हुई है। इन जैन कवियों के अंतर्गत जैन साधु आनंदघनजी के सरस पद मिलते हैं जिनसे स्पष्ट दिखाई देता है कि जैन हिन्दी साहित्य निर्गुण संत-काव्य के निकट था। इस आनंदघन के काव्य का अनुवाद लेस्टर के एक जैन विशेषज्ञ के साथ एक अंतर्राष्ट्रीय योजना के अंतर्गत हो रहा है।

अधिकतर पाठ-संपादन भी अंतर्राष्ट्रीय योजनाओं के अंतर्गत हो रहा है। कवितावली का संपादन बुदापैश्त विश्वविद्यालय (हंगेरी) के विद्वानों के साथ हो रहा है और इस काम के लिए ब्रिटिश अकादेमी की तरफ से आर्थिक सहायता मिलती है। कवितावली के भारत और अन्य देशों के संग्रहों की सूचियों से आजकल लगभग 60 पांडुलिपियों की जानकारी मिलती है। इनमें से हमें 34 हस्तलिखित ग्रंथों की जीराक्स-कापियाँ या डिजिटल फोटोग्राफ मिल गये हैं। शेष आज अप्राप्य हैं या ऐसे संग्रहों में हैं जिनके रक्षक गवेषणा का प्रयोजन नहीं समझते और पांडुलिपियों को

दिखाने के लिए तैयार नहीं हैं। पाठ-संपादन की आजकल बड़ी आवश्यकता है, क्योंकि भारत में पांडुलिपियाँ कीड़ों या बारिश से नष्ट होती जा रही हैं, और इसके साथ हिन्दुस्तानी संस्कृति का महत्त्वपूर्ण अंश हमेशा के लिए ध्वस्त हो रहा है। कभी-कभी पांडुलिपियों के अंत में पुष्पिका मिलती है जिसमें लिपिकाल, लिपिस्थान, लिपिकार आदि के बारे में महत्त्वपूर्ण जानकारी पाई जाती है। कहने की जरूरत नहीं कि इन पांडुलिपियों में सबसे महत्त्वपूर्ण वे हैं जिनमें लिपिकाल पुराना है। कवितावली की सबसे पुरानी प्रति विक्रम संवत् 1749 (1692 ईसवी) की है। पुराने हस्तलिखित ग्रंथों के आधार पर यह कहा जा सकता है कि तुलसी ग्रंथावली तथा गीताप्रेस की कवितावली में प्रकाशित 'संशोधित' पाठ पूरी तरह से प्रामाणिक नहीं है। कवितावली की प्राप्त 34 प्रतियों के आधार पर हमें ज्ञात हुआ है कि कवितावली के पाठ में बहुत पाठ भेद हैं और हमें ऐसे कवित्त-सवैये भी मिले हैं जो शायद गोस्वामी तुलसीदास की अप्रकाशित रचनाएँ हैं। हमारी तुलसी-मंडली चौदह छाँटी हुई पांडुलिपियों के आधार पर एक नया पाठ प्रस्तुत करेगी।

उसका वर्णन करने की कोई आवश्यकता नहीं है कि कवितावली कितनी महत्त्वपूर्ण रचना है। हमारे केन्द्र में कुछ ऐसे कवियों का भी संपादन हो रहा है जो पुराने हिन्दी साहित्य में बहुत परिचित नहीं हैं। इनमें से एक बुंदेलखंडी कवि ठाकुर हैं, जिसे हिन्दी साहित्य का रीतिमुक्त कवि माना जाता है। उसके कवित्त सवैयों की विशेषता यह है कि वे अपेक्षाकृत सरल ब्रजभाषा में लिखे हुए हैं लेकिन उनमें हिन्दी के मुहावरों का प्रयोग प्रचुर मात्रा में हुआ है। उसका काव्य इसलिए भी अपना महत्त्व रखता है कि वह ऐसे जमाने में—लगभग 1800 ईसवी के आस-पास लिखा गया है, जिसके बारे में उपनिवेशी विचारों का अनुसरण करके हिन्दी के विद्वान भी यह मानते हैं कि उसमें उच्च कोटि का साहित्य नहीं रचा गया है। ठाकुर के साहित्य के प्रस्तुतीकरण के द्वारा इस उपनिवेशी विचार का खंडन किया जा सकता है। हमारे नये संपादन का महत्त्व इस कारण भी है कि इस संग्रह में पुराने प्रकाशित कवित्तों के अनेक पाठभेद मिलते हैं और इसमें पचास से अधिक ऐसे कवित्त-सवैये भी हैं जो 'ठाकुर-शतक', 'ठाकुर-ठसक' या 'ठाकुर-ग्रंथावली' में नहीं हैं, लेकिन कई पुराने हस्तलिखित तथा मुद्रित संग्रहों में उपलब्ध हैं, जैसे कि निम्नलिखित सवैया—

> पिय मोहन कौ वह मौंहनौं रूप निहारे बिना नहिं जीजतु है।
> तिहि ते जु लटी भली या जग मैं सिष मानि सबै सुनि लीजतु है।
> कहि ठाकुर लाल के देषिबे कै लियै ज्वाब न काहूबे दीजतु है।
> अब का कहियै अपने उरझैं सब ही की खुसामद कीजतु है ॥[1]

तीसरा महत्त्वपूर्ण संपादन निर्गुण कवि वाजीद की रचनाओं का है, जो बड़ोदा

1. प्रबोधरस-सुधासर (पन्ने 63-64), सुधासर (पंचम तरंग) पन्ना 11, हरिश्चंद्र का सुंदरीतिलक, पृष्ठ 51 (सं. 301), बाबूरामदीन का सुंदरीतिलक सं. 182।

के महाराजा सायजीराव विश्वविद्यालय की एक अध्यापिका के साथ हो रहा है। 1600 ईसवी के लगभग उपस्थित वाजीद दादू दयाल का शिष्य माना जाता है और उसका नाम उत्तर भारत में हिन्दी लिपि में खड़ी बोली लिखने वाले कवियों में दादू दयाल के बाद ही आता है। उन्होंने ब्रज तथा सधुक्कड़ी भाषा में सत्तर से भी अधिक रचनाएँ रची हैं जिनमें से अब तक सिर्फ़ कुछ अरिल्ल प्रकाशित हुए हैं, बाकी रचनाएँ नहीं हुईं। वाजीद के बहुत सारे छोटे-छोटे प्रबंध-काव्य उपलब्ध हैं जिनमें कुछ रोचक घटनाएँ भक्ति के दृष्टिकोण को ध्यान में रखकर प्रस्तुत की गयी हैं। मुझे आश्चर्य है कि हिन्दी साहित्य के एक ऐसे महत्त्वपूर्ण कवि की रचनाएँ अब तक प्रकाशित हैं। मेरा अनुमान है कि वाजीद अकेला नहीं है। ऐसे हिन्दी के बहुत सारे मौलिक कवियों की रचनाएँ ग्रंथ-संग्रहों में पड़ी रही हैं, और उनके संपादन से हिन्दी साहित्य के इतिहास में नया मोड़ आ सकता है।

पाठ-संपादन से साहित्यिक शोधकार्य भी जुड़ा हुआ है। इस शोधकार्य का आजकल सबसे महत्त्वपूर्ण भाग है, खड़ी बोली साहित्य की उत्पत्ति की तलाश। जैसे पहले कह चुका हूँ वाजीद ने दादू दयाल के बाद नागरी लिपि में खड़ी बोली की साहित्य-रचना की। यह बात ध्यान देने योग्य है कि दादू दयाल से पहले खड़ी बोली साहित्य हमें सिर्फ़ फ़ारसी लिपि में मिलता है। जो खड़ी बोली की रचनाएँ गोरखनाथ, अमीर खुसरो, नामदेव, कबीर आदि कवियों के नाम से प्रचलित हैं, और वे रचनाएँ खड़ी बोली साहित्य की प्रारंभिक रचनाएँ मानी जाती हैं, असल में सोलहवीं-अठारहवीं सदी की रचनाएँ हैं, और बाद में खुसरो और कबीर जैसे बड़े कवियों के नाम से प्रचलित हो गयी हैं। ये रचनाएँ पांडुलिपियों में सिर्फ़ सत्तरहवीं-अठारहवीं सदियों से मिलने लगती हैं। यहाँ तक कि ये खड़ी बोली रचनाएँ इन मशहूर कवियों की सबसे पुरानी हस्तप्रतियों में गायब हैं। मिसाल के लिए अमीर खुसरो का रेखता लीजिए जिसमें आधी पंक्ति फ़ारसी में, आधी ब्रज में है—

जे हाल-ए मिस्कीन मकुन तगाफुल, दुराए नैनाँ बनाए बतियाँ।
कि ताब-ए हिज्रान नदारम ऐ जान, न लेहु काहे लगाए छतियाँ॥

यह कविता सर्वप्रथम 1719 की एक पांडुलिपि में हज़रत अमीर खुसरो के नाम पर मिलती है, और उसके बाद हमेशा खुसरो के नाम से उद्धृत की गई है। लेकिन यह रेखता एक 1652 और 1657 के बीच लिखे हुए ग्रन्थ में भी प्राप्त है जिसमें यह रेखता अमीर खुसरो का नहीं है, परन्तु इसके अंतिम शेर में 'जफ़र' तखल्लुस आता है। जैसे कि कबीर, मीराँ या सूरदास के साथ हुआ, यहाँ भी एक अपरिचित कवि की रचना बाद में किसी विख्यात महात्मा के नाम से चढ़ गयी है।

दादू दयाल का खड़ी बोली का पद 1636 ईसवी की पांडुलिपि में भी मिलता है और बाद की पांडुलिपियों में इसके बड़े पाठांतर नहीं मिलते। हमें 1654 ईसवी (सं. 1711) की एक ऐसी पांडुलिपि मिली जिसमें दादू के शिष्य, वाजीद के चौदह

रेखता कवित्त शामिल हैं। इस रेखते का एक उदाहरण नीचे दिया जा रहा है—

दिल की दिलासा री दुनी का तमासा कलि
गम का करार दुनी देखै जीस ऊब है।
वाकी मुहबति देखैं तैं या मै यो क्यौ आवै
आलम की साहिबि तो ऐसी जैसी दुब है।
राग खुब रंग खुब आंखैं खुब भौहैं खुब
हौस खुब हांसी खुब सभा कैसी खुब है।
उमर की खुबी पर खलकही यार हुवा
कौंन कौंन खुबी कहौ खुब महबुब है ॥1॥[1]

अलेक्सान्द्र चोमा दे कोरोश प्राच्यविद्या केन्द्र में गवेषणा की एक और विशेषता यह है कि हम शोध-कार्य को सिर्फ़ एक विद्वान का काम नहीं मानते और हमारी अधिकतर योजनाओं में एक से अधिक विद्वान भाग लेते हैं। आजकल हर एक विद्वान को अपने वैज्ञानिक क्षेत्र से इतनी गंभीरता से परिचित होना चाहिए कि व्यापकता प्राप्त करने के लिए विद्वानों के संयुक्त परिश्रम की आवश्यकता है। इसी तरह ट्रांसिल्वेनिया में प्राच्यविद्या के इतिहास का शोध-कार्य, भारतीय अंग्रेजी साहित्य का हंगेरियन भाषा में अनुवाद, जैन आनंदघन का अंग्रेजी अनुवाद, गोस्वामी तुलसीदास की कवितावली तथा वाजीद का पाठ-संपादन, ये सभी काम अन्य विद्वानों के सहकार से हो रहे हैं।

जैसे मैं ऊपर कह चुका हूँ वाजीद की रचनाओं का पाठ-संपादन एक भारतीय विदुषी के साथ हो रहा है, जो वड़ोदरा में हिन्दी प्रवक्ता हैं। 2005 से वे पाँच महीने हमारे केन्द्र में बिता रही हैं और हमारे हिन्दी अध्यापन में सहयोग देने के अलावा कम्प्यूटर से हिन्दी पाठ-संपादन की सूक्ष्मताओं से परिचित होती जा रही हैं। आशा है कि आगे चलकर हिन्दुस्तान में वे दूसरे कवियों के पाठ-संपादन में भी लग जाएँगी और मध्यकालीन भारत की संस्कृति की सुरक्षा में अपना योगदान प्रदान करेंगी। इसी तरह हमारी उम्मीद है कि भारत से अन्य विद्वान हमारे यहाँ आ सकेंगे और पाठ-संपादन सीखने के साथ-साथ हमारे हिन्दी अध्यापन में भी भाग लेंगे।

ये सब काम आजकल बहुत कम पैसे से चल रहा है, क्योंकि रोमानिया विशेष समृद्ध देश नहीं है और यहाँ शोध-कार्य के लिए अतिशय पूँजी नहीं मिलती और हमारा विश्वविद्यालय प्राइवेट विश्वविद्यालय है। मुझसे अक्सर पूछा जाता है कि जब रोमानिया में इतनी कम पूँजी मिलती है तो उसे क्यों प्राच्यविद्या में लगाएँ जबकि उसे इतिहास, पुरातत्त्व या भौतिक विज्ञान में लगाना चाहिए। मेरा उत्तर यह है कि जब तक यहाँ हिन्दी या प्राच्यविद्या की दूसरी शाखाओं के प्रति समर्पित लोग मिलते

1. 'ठाकुर का रेखता', पोथिखाना, जयपुर पांडुलिपि सं. 3404 और 'कुंडलिया विरह के', पोथिखाना, जयपुर पांडुलिपि सं. 2422।

हैं तब तक हमारे काम से हमारे विश्वविद्यालय को, रोमानिया को, और भारत को भी लाभ मिलता रहेगा।

हमें अपने शोध-कार्य तथा अध्यापन के लिए हमेशा पूँजी की तलाश करनी पड़ती है। लेकिन इस देश की ऐसी विशेषताएँ भी हैं जो इस तलाश का समर्थन करती हैं। एक यह है कि यहाँ हिन्दी का अध्ययन शायद दुनिया में सबसे सस्ता होता है, दूसरा यह कि रोमानिया में, पूर्वी यूरोप के अन्य देशों की तरह, लोग भारतीय संस्कृति तथा हिन्दी में बहुत रुचि लेते हैं। हालाँकि हम हिन्दी के डिग्री कोर्स नहीं चलाते, हमारे छात्र डिग्री कोर्सवाले विश्वविद्यालयों के छात्रों की तुलना में कम हिन्दी नहीं जानते। वे अपने-अपने पूर्णकालिक काम करने के बाद हमारी क्लास में आते हैं और बड़े उत्साह और ध्यान से पढ़ते हैं। शोध कार्य अंतर्राष्ट्रीय स्तर पर करने के कारण विदेश से कुछ आर्थिक समर्थन भी मिलता है। कवितावली के पाठ-संपादन के लिए ब्रिटिश अकादेमी और हंगेरी सरकार की तरफ से समर्थन मिला। हमारे पुस्तकालय को बुदापैश्त विश्वविद्यालय तथा बुखारेस्त के भारतीय दूतावास की तरफ से महत्त्वपूर्ण सामग्री प्राप्त हुई बुखारेस्त के भारतीय दूतावास ने इस संगोष्ठी का भी उदारता से आर्थिक समर्थन किया है।

जैसे कि इस प्रतिपादन से ज्ञात होता है पूर्वी यूरोप में हिन्दी के अध्यापन तथा शोध-कार्य नये स्थानों पर, नये विश्वविद्यालयों पर भी शुरू हो सकता है और मुझे आशा है कि हमारा यह उपक्रम सिर्फ़ शुरुआत है और भारत की राष्ट्रभाषा तथा संस्कृति के अध्ययन के लिए पूर्वी तथा मध्य यूरोप में भी नये-नये केन्द्रों की स्थापना होगी।

पोलैंड में हिन्दी :
अध्ययन-अध्यापन, अतीत और वर्तमान

❑ दानूता स्ताशिक

पोलैंड में भारत-विद्या का समारम्भ गत दो-तीन सौ वर्ष पहले हुआ था पर ऐतिहासिक और राजनीतिक कारणों से सर्वप्रथम महायुद्ध के बाद ही संभव हुई।

वारसा में सन् 1932 में प्रसिद्ध पोलिश विद्वान प्रो. स्तानिस्लव शायेर (1899-1941) के प्रयासों से प्राच्य-विद्या संस्थान खुला, जिसके विभागों में भारत-विद्या विभाग भी था।

इसी विभाग में पोलैंड में हिन्दी के अध्ययन-कार्य का समारम्भ सन् 1938 में हुआ। किन्तु एक वर्ष के पश्चात् द्वितीय महायुद्ध के कारण विश्वविद्यालय के सभी संस्थान बंद हो गए।

महायुद्ध के बाद सन् 1953 में वारसा विश्वविद्यालय के प्राच्य-विद्या संस्थान में भारत-विद्या विभाग पुनः आरम्भ हुआ। इसके प्रथम अध्यक्ष प्रो. एउगेनियुष स्वुष्केविच बने। शुरू में अध्ययन-अध्यापन का प्रमुख क्षेत्र संस्कृत भाषा, प्राचीन भारतीय संस्कृति और दर्शन था। पर शीघ्र ही सन् 1955 में इस केंद्र में हिन्दी भाषा और बाद में हिन्दी साहित्य का भी अध्ययन-अध्यापन शुरू हो गया।

हिन्दी पाठ्यक्रम का शुभारम्भ स्वर्गीय श्रीमती तात्याना रूत्कोव्स्का (1926-2002) ने किया। श्रीमती रूत्कोव्स्का ने लेनिनग्राद विश्वविद्यालय से सन् 1949 में एम. ए. हिन्दी की उपाधि प्राप्त की। वे प्रसिद्ध रूसी विद्वान प्रो. ए. पी. बारान्निकोव की छात्रा रह चुकी थीं। श्रीमती रूत्कोव्स्का के कांम का आरंभिक दौर बहुत कठिन था। आमतौर पर किताबों को विदेशी पुस्तकालयों से मँगवाना पड़ता था और फोटोस्टेट मशीनों के न होने के कारण बहुत बार पुस्तकों के लंबे अंशों की प्रतिलिपियाँ हाथ से तैयार करनी पड़ती थीं। सौभाग्यवश इस तरह की कठिनाइयों ने, जो वर्ष-प्रति-वर्ष कम होती जा रही थीं, पाठ्यक्रम में बाधा नहीं डाली।

सन् 1961 में विभाग में श्रीमती आलित्स्या कार्लिकोव्स्का आईं तथा 1965 में श्रीमती आग्न्येष्का कोवाल्स्का-सोनी, जिन्होंने इलाहाबाद विश्वविद्यालय में आधुनिक

हिन्दी साहित्य का गहरा अध्ययन किया था। इसके एक साल बाद 1966 में डॉ. मारिया क्रिस्तोफर बृस्की विभाग में आए। वे भारत में छह साल रह चुके थे तथा बनारस हिन्दू विश्वविद्यालय से पी-एच.डी. की उपाधि प्राप्त कर चुके थे। इन सभी उपर्युक्त व्यक्तियों के अलावा बाद में तीन अन्य अध्यापक हिन्दी पढ़ाने लगे। श्री अर्तुर कार्प, श्रीमती आन्ना शेक्लुत्स्का और श्रीमती दानूता स्ताशिक।

सन् 1983 से 'इंडो-पोलिश सांस्कृतिक सहयोग' के अंतर्गत भारत से आए निम्नांकित अध्यापकों का हिन्दी के अध्ययन-अध्यापन में उल्लेखनीय योगदान रहा है—कालीकट विश्वविद्यालय के डॉ. गोपीनाथन (1983-84), डॉ. सुरेन्द्र भुटाणी (1984-87), केन्द्रीय हिन्दी संस्थान की स्वर्गीय डॉ. मंजु गुप्ता (1987-90), दिल्ली विश्वविद्यालय के डॉ. हरिमोहन शर्मा (1990-93), हिन्दी के मशहूर लेखक डॉ. अब्दुल बिस्मिल्लाह (1993-95), हैदराबाद विश्वविद्यालय की प्रोफेसर डॉ. शशि मुदिराज (1996-98), जामिया मिलिया विश्वविद्यालय के डॉ. महेन्द्र पाल शर्मा (1998-2001) और आजकल दिल्ली विश्वविद्यालय के डॉ. हरजेन्द्र सिंह चौधरी विभाग में हिन्दी के प्रोफेसर हैं।

वारसा के भारत-विद्या विभाग में पाठ्यक्रम की अवधि पाँच साल की है जिसके बाद छात्रों को एम.ए. की उपाधि दी जाती है। एम.ए. शोध-प्रबंधों के विषय आधुनिक या मध्यकालीन हिन्दी साहित्य या हिन्दी-भाषी क्षेत्र के अन्य प्रश्नों से संबंधित हैं जैसे—'**ढोला मारू रा दूहा** में मध्यकालीन राजस्थानी समाज का वर्णन', तुलसीकृत **रामचरितमानस** में महिलाओं का जगत', मीराबाई की **पदावली**, जयशंकर प्रसाद की **कामायनी** में 'बुद्धिवाद और हृदयवाद', 'हिन्दी फिल्मों की समालोचना', 'हिन्दी समाचार-पत्रों की भाषा में अँग्रेजी शब्दावली', दिल्ली के 'प्राथमिक और माध्यमिक स्कूलों में हिन्दी भाषा के पाठ्यक्रम', इत्यादि। आज तक लगभग साठ विद्यार्थियों को हिन्दी में एम.ए. की उपाधि मिल चुकी है।

उल्लेखनीय है कि सन् 1978 से पोलिश विद्यार्थियों को भारत सरकार की ओर से उच्च अध्ययन के लिए छात्रवृत्ति मिलती है, जिसके अंतर्गत वे केन्द्रीय हिन्दी संस्थान (शुरू में दिल्ली, बाद में आगरा केन्द्र) में जाकर हिन्दी पढ़ने का अवसर पाते हैं। भारत में रहकर वे हिन्दी के महत्त्व एवं गौरव को समझने लगते हैं तथा बहुतों के लिए भारत उनकी दूसरी प्रिय मातृभूमि बन जाती है। हिन्दी के माध्यम से उन्हें समग्र भारतीय संस्कृति के मूल तक पहुँचना और भारत की आत्मा को समझना आसान हो जाता है।

इस समय विभाग में 18 छात्र हिन्दी पढ़ रहे हैं। उनमें से कइयों के लिए हिन्दी प्रमुख विषय है, बाकी हिन्दी दूसरी या तीसरी भारतीय भाषा के रूप में पढ़ रहे हैं।

अध्यापन के साथ-साथ ही वारसा में हिन्दी भाषा तथा साहित्य का शोध भी चल रहा है। अभी तक तीन व्यक्तियों को हिन्दी में पी-एच.डी. की उपाधि दी गई

सन् 1968 में श्रीमती रूत्कोव्स्का को 'हिन्दी मध्यकालीन साहित्य की मूल विशेषताएँ' थीसिस के आधार पर पी-एच.डी. की उपाधि मिली। 1974 में श्रीमती आग्न्येष्का कोवाल्स्का-सोनी को सन् 1960-70 के मध्य लिखित हिन्दी के नए साहित्य में बुद्धिजीवी-वर्ग का नायक (सांस्कृतिक व्यक्तित्व का सवाल) पी-एच.डी. थीसिस के आधार पर और 1990 में श्रीमती दानूता स्ताशिक को 'आधुनिक हिन्दी साहित्य में सांस्कृतिक टकराव का वर्णन—इंग्लैण्ड, कनाडा तथा अमेरिका में भारतीय प्रवासी' थीसिस के आधार पर। यह शोध प्रबंध 1994 में भारत से अंग्रेजी में 'आउट ऑफ इंडिया' शीर्षक से पुस्तक के रूप में प्रकाशित हो चुका है।

पोलिश भाषा में लिखी हिन्दी साहित्य और भाषा की पुस्तकें विभाग में हो रहे गहरे अध्ययन का परिणाम हैं। ये हैं—डॉ. रूत्कोव्स्का तथा डॉ. स्ताशिक की 'हिन्दी साहित्य की रूपरेखा' (1992), डॉ. स्ताशिक की 'हिन्दी भाषा की पाठ्यपुस्तक, दो भाग' (1994/1997) और 'हिन्दी भाषा' (1998) और 'धर्मचारी राजा की कथा—हिन्दी साहित्य में रामायण की परंपरा' (2000)। अनेकानेक विषयों से संबंधित लेख भी पोलिश तथा अंग्रेजी में लिखे गए। उदाहरण के लिए—डॉ. रूत्कोव्स्का के लेख : 'भारतीय मध्यकालीन काव्य रासो पर कुछ विचार' (1976), 'सिद्धांत और साहित्यिक रचनाओं के गुण' (1979), 'रीति काव्य में ऐतिहासिक तत्त्व' (1983), 'प्रेमचंद—हिन्दी गद्य के पिता' (1993) आदि; डॉ. कोवाल्स्का-सोनी के लेख : 'आधुनिक हिन्दी कविता और स्वदेशी साहित्य परंपरा' (1968), 'सन् 1947 के बाद हिन्दी कविता के नए मार्ग' (1968) आदि; प्रो. बृस्की के लिखे लेख : 'भारतीय लोक नाट्क' (1971), 'बंबइया फिल्म—संस्कृत नाटकों का कलियुगी अवतार' (1980) तथा डॉ. स्ताशिक के लिखे लेख : 'सांस्कृतिक टकराव में भाग लेने वाले भारतीय आप्रवासी' (1985), 'स्वातंत्र्योत्तर हिन्दी कविता' (1989), 'स्वातंत्र्योत्तर हिन्दी गद्य' (1990), 'पाठ और संदर्भ—तुलसीकृत **राम-लला-नहछू** के दो रूपांतर' (1995), 'राम-कथा के आधुनिक हिन्दी पुनः कथन—भगवान सिंह का **अपने-अपने राम**' (1998), 'मैथिलीशरण गुप्त की राम-कथा साकेत' (2000), 'रामायण-परंपरा का आधुनिकीकरण' (2002) इत्यादि।

अध्ययन-अध्यापन के अलावा वारसा के भारत-विद्या विभाग का अनुवाद के क्षेत्र में भी महत्त्वपूर्ण योगदान रहा है। हिन्दी साहित्य के अनुवादकों में सर्वप्रथम स्थान स्वर्गीय श्री यूल्युष पार्नोव्स्की (1934-2000) का है। वे सन् 1980 से 1993 तक विभाग के पुस्तकालय में कार्यरत रहे। उन्होंने हिन्दी के कई उपन्यासों, अनेकानेक कहानियों तथा कविताओं का अनुवाद किया। फणीश्वरनाथ 'रेणु' का 'मैला आँचल' इनमें प्रमुख है। पार्नोव्स्की जी ने अपने अनुवाद में 'रेणु' की सजीव भाषा से निर्मित मेरीगंज के यथार्थ को पोलिश पाठकों के लिए पुनर्जीवित कर दिया।

सन् 1971 में मुंशी प्रेमचंद की 14 कहानियों का संग्रह 'ठाकुर का कुआँ'

प्रकाशित हुआ। इस संग्रह की अधिकांश कहानियों के अनुवादक श्री पार्नोव्स्की रहे हैं तथा अन्य अनुवादकों में श्री आंजेय बुगोव्स्की, श्रीमती कार्लिकोव्स्का, प्रो. बृस्की और डॉ. रूत्कोव्स्का हैं। संग्रह की भूमिका में डॉ. रूत्कोव्स्का ने प्रेमचंद के जीवन और उनकी प्रमुख कृतियों का परिचय दिया।

सन् 1976 में पार्नोव्स्की जी द्वारा अनूदित आधुनिक कहानियों का संग्रह प्रकाशित हुआ। इस संग्रह में बारह कहानीकारों की 14 कहानियाँ संकलित हैं जैसे—धर्मवीर भारती की 'बंद गली का आखिरी मकान', मोहन राकेश की 'मलबे का मालिक', कमलेश्वर की 'युद्ध', ज्ञानरंजन की 'घटा', शेखर जोशी की 'बदबू' आदि। संग्रह की भूमिका डॉ. कोवाल्स्का-सोनी ने लिखी।

श्री पार्नोव्स्की के अनुवाद विभिन्न पत्र-पत्रिकाओं में भी प्रकाशित हुए। कमलेश्वर की 'कस्बे का आदमी' और 'जार्ज पंचम की नाक', भीष्म साहनी की 'अमृतसर आ गया है', रघुवीर सहाय और श्रीकांत वर्मा की कुछ कहानियाँ तथा तुलसीकृत 'मानस' और कबीर के 'बीजक' के अंश इनमें प्रमुख हैं।

आधुनिक हिन्दी कहानियों के पोलिश अनुवाद एक और संग्रह में उपलब्ध हैं। जिसमें अनेक हिन्दी और बांग्ला कहानीकारों की कहानियाँ संकलित की गई हैं। हिन्दी कहानियों का अनुवाद डॉ. रूत्कोव्स्का और श्रीमती कार्लिकोव्स्का ने किया। उक्त संग्रह में प्रेमचंद की 'शतरंज के खिलाड़ी', जयशंकर प्रसाद की 'मधुआ', मन्नू भंडारी की 'खोटे सिक्के', उषा प्रियंवदा की 'वापसी' आदि कहानियाँ संगृहीत हैं।

पोलैंड में भारतीय नाट्य-कला का प्रचार-प्रसार करने का श्रेय प्रो. बृस्की को जाता है। उल्लिखित 'भारतीय लोक-नाटक' लेख के अतिरिक्त उन्होंने डॉ. लक्ष्मीनाराण लाल का नाटक 'तोता मैना' पोलिश भाषा में अनूदित किया। सर्वेश्वर दयाल सक्सेना के 'बकरी' का अनुवाद भी उन्होंने किया। जिसको सन् 1983 में वारसा विश्वविद्यालय के द्वारा आयोजित प्राच्य-नाट्यकला-संबंधी सेमिनार में वारसा के एक थिएटर के अभिनेताओं ने प्रस्तुत किया।

संप्रति विभाग में तीन मुख्य परियोजनाओं पर काम चल रहा है :

1. हिन्दी साहित्य का इतिहास (हिन्दी साहित्य की चयनिका सहित);
2. हिन्दी साहित्य में राम-कथा की परंपरा (अंग्रेजी भाषा में लिखी जा रही है);
3. बोलचाल की हिन्दी का स्वरूप जो (हिन्दी भाषा की पाठ्य-पुस्तक की अगली कड़ी के रूप में लिखा जा रहा है)।

इन तीनों परियोजनाओं में डॉ. स्ताशिक संलग्न हैं तथा 'बोलचाल की हिन्दी का स्वरूप' नामक परियोजना में वारसा विश्वविद्यालय में वर्तमान विज़िटिंग प्रोफेसर डॉ. चौधरी अपना योगदान दे रहे हैं। इस समय हिन्दी की पढ़ाई वारसा के अतिरिक्त दो अन्य विश्वविद्यालयों में भी चल रही है; ये हैं—क्राकूव का याग्येलोनियान विश्वविद्यालय तथा पोज़नान का आदम मित्स्क्येविच विश्वविद्यालय। पर एम.ए.

स्तर के पाठ्यक्रम केवल वारसा और क्राकूव में चलाए जा रहे हैं। पोज़नान में विभिन्न विभागों के विद्यार्थी वैकल्पिक विषय के रूप में हिन्दी का अध्ययन करते हैं।

क्राकूव में हिन्दी भाषा और साहित्य के अध्ययन-अध्यापन का शुभारंभ प्रो. तादेउष पोवोज्न्याक के प्रयासों से सन् 1973 में हुआ। वे प्रसिद्ध भाषा-विशेषज्ञ थे तथा उनकी विशेष रुचि 'जिप्सी' लोगों की भाषा पर केन्द्रित थी। इस संबंध में उनका 'लोवारी बोली का व्याकरण' नामक शोध-प्रबंध उल्लेखनीय है। प्रो. पोवोज्न्याक के लेख विभिन्न पत्र-पत्रिकाओं में प्रकाशित हुए, जिनमें उन्होंने हिन्दी-भाषी क्षेत्र की अनेक समस्याएँ उठाईं। प्रो. पोवोज्न्याक के शिष्य—डॉ. प्षेमेक प्येकार्स्की—का अध्ययन-क्षेत्र भी भाषा-विज्ञान रहा है और उनका पी-एच.डी. थीसिस 'हिन्दी शब्दावली के उपक्षेत्रों का सांख्यिकीय निरूपण' (1986) भी इसी से संबंधित है। क्राकूव में दो अन्य व्यक्तियों को हिन्दी में पी-एड. की उपाधि दी गई—सन् 1997 में श्रीमती रेनाता चेकाल्स्का को उनके शोध प्रबंध के आधार पर जिसमें उन्होंने **तार-सप्तक** में संकलित काव्य तथा पोलिश अग्रगामी काव्य की तुलना की तथा सन् 2001 में श्रीमती अग्न्येषका कूच्क्येविच-फश को उनके 'हिन्दी के फारसी-अरबी संकर-शब्द' थीसिस के आधार पर, जो इस साल भारत से पुस्तक के रूप में प्रकाशित हुआ है।

डॉ. चेकाल्स्का और श्री अशोक वाजपेयी के सह-संपादन में अभी तक भारत में दो रोचक संकलन निकले हैं, जिसमें मशहूर पोलिश कवियों—तादेउष रूज़ेविच और ज़्बिग्न्येव हेर्बेर्त—की कविताओं के हिन्दी अनुवादों के साथ-साथ पोलिश मूल भी दिए गए हैं। तादेउष रूज़ेविच की कविताओं का संग्रह 'जीवन के बीचों-बीच' सन् 2001 में प्रकाशित हुआ तथा ज़्बिग्न्येव हेर्बेर्त का—'अंतःकरण का आयतन' सन् 2002 में। डॉ. चेकाल्स्का का एक और छोटा संकलन 'रूपांतरण' शीर्षक से प्रकाशित हो चुका है जिसमें अशोक वाजपेयी की कविताओं के पोलिश अनुवाद हैं।

पोज़नान के आदम मित्स्क्येविच विश्वविद्यालय में सन् 1987 में नियुक्त हिन्दी भाषा के युवा विद्वान श्री दार्युष गोशोर की अकाल मृत्यु (1992) से पोलिश भारत-विद्या को बड़ी हानि हुई वे हिन्दी भाषा पर शोध कर रहे थे और अरबी-फारसी शब्दावली पर पी-एच.डी. थीसिस लिख रहे थे, जो दुर्भाग्यवश अपूर्ण रह गया। अपने अध्यापन की छोटी अवधि में उन्होंने दो पुस्तकें—'हिन्दी व्याकरण का पहला भाग' तथा 'पोलिश-हिन्दी बातचीत' लिखीं। संप्रति वहाँ वारसा में शिक्षा प्राप्त सुश्री मोनीका ब्रोवार्चिक हिन्दी पढ़ा रही हैं तथा हिन्दी व्यंग्य साहित्य पर शोध कर रही हैं।

अंत में संक्षेप में कहा जा सकता है कि पोलैंड में कुल मिलाकर लगभग 150 व्यक्तियों को एम.ए. हिन्दी की उपाधि दी गई है। वे पोलैंड के आर्थिक तथा सांस्कृतिक जीवन के विभिन्न क्षेत्रों में सक्रिय हैं। पर आशा की जा सकती है कि जैसे-जैसे भारतीयों द्वारा हिन्दी का अधिकाधिक प्रयोग किया जाएगा वैसे-वैसे विश्व भर के हिन्दी-विज्ञों का बेहतर प्रयोग होता चला जाएगा।

रोमानिया में हिन्दी भाषा का अध्ययन-अध्यापन

❑ साबिना पोपर्लान

1. भारतीय संस्कृति के अध्ययन का सूत्रपात
2. संस्कृत के अध्ययन की परंपरा
3. हिन्दी विभाग का इतिहास

1. भारतीय संस्कृति का सूत्रपात

भारतीय संस्कृति के अध्ययन में, सबसे पहले, हमारे राष्ट्रकवि मिहाई एमिनेस्कु ने (1850-1889) रुचि ली। उन्होंने वियेना और बर्लिन में संस्कृत का अध्ययन किया, जहाँ पहली बार उनका साक्षात्कार ऋग्वेद, उपनिषद व बौद्ध ग्रन्थों से हुआ। फलतः उनकी कविताओं में जगह-जगह भारतीय चिंतन और रहस्यमयता के दर्शन मिलते हैं।

एमिनेस्कु ने, 39 वर्ष के अपने संक्षिप्त जीवनकाल में, फ्रांत्स बोप के संस्कृत व्याकरण का अनुवाद जर्मन से रोमानियन भाषा में करने का प्रयत्न किया। उन्होंने एक संस्कृत-रोमानियन शब्दकोश लिखने का प्रयास भी किया।

हमारे एक और प्रसिद्ध महाकवि, जेओर्जे कोश्बुक ने (1866-1918), 'शकुन्तला', 'ऋग्वेद' तथा 'महाभारत' के कुछ खंडों का अनुवाद रोमानियन में किया।

विख्यात रोमानियन भाषा विज्ञानी बा. पे. हाश्देउ ने (1838-1907), संस्कृत भाषा के संदर्भ में, रोमानियन और दूसरी भारोपीय भाषाओं के तुलनात्मक भाषातत्व का रोचक अन्वेषण किया है।

बीसवीं सदी में, प्रमुख रोमानियन लेखक और दर्शनकार, जैसे लुच्यान ब्लागा (1895-1961), मिर्चेआ एलियादे (1907-1986), अपने ग्रन्थों में, भारतीय चिंतन से भी प्रभावित हुए। विद्वान सेर्ज्यु आल-जेओर्जे ने (1922-1981) भारतीय दर्शन पर कई किताबें लिखीं, जैसे : 'भारतीय दर्शन पाठों में' या 'भारतीय संस्कृति में भाषा एवं चिंतन'। उन्होंने 'भगवद्गीता' का अनुवाद संस्कृत से रोमानियन में भी किया है।

2. संस्कृत के अध्ययन की परंपरा

रोमानिया में संस्कृत का अध्ययन-अध्यापन उन्नीसवीं शताब्दी में शुरू हुआ। प्रोफ़ेसर को. जेओर्जीआन (1850-1904) ने, सन् 1890 में, बुखारेस्त विश्वविद्यालय में, संस्कृत, ऐच्छिक विषय के रूप में, पढ़ाने की व्यवस्था की थी। उन्होंने 'महाभारत' के कुछ अंशों का अनुवाद भी किया था। सन् 1950 में, बुखारेस्त विश्वविद्यालय में, स्थायी रूप में, संस्कृत विभाग स्थापित हो चुका था। इस विभाग में, प्राच्यवेत्ता और संस्कृत विशेषज्ञ व्लाद बनत्सेआनु ने अध्यापन किया।

सन् 1950 में, याशिनगर के विश्वविद्यालय में, ते. सिमेंस्कि ने संस्कृत सिखानी आरम्भ कर दी। उन्होंने इस भाषा का प्रथम व्याकरण भी प्रकाशित करवाया।

3. हिन्दी विभाग का इतिहास

सन् 1956 में, बुखारेस्त में, रोमानियन प्राच्य विद्या के संस्थान की स्थापना हुई।

सन् 1965 में, भारतीय-रोमानियन सांस्कृतिक विनिमय के कार्यक्रम पर हस्ताक्षर किये गये। उसी साल, भारतीय प्राध्यापक, हिन्दी कवि और लेखक, श्री इन्दु प्रकाश पांडेय ने, रोमानिया में आकर, बुखारेस्त विश्वविद्यालय में हिन्दी भाषा का ऐच्छिक पाठ्यक्रम प्रारंभ किया। उन्होंने पहली हिन्दी पाठ्य-पुस्तक लिखी, जो 1967 में, बुखारेस्त विश्वविद्यालय द्वारा प्रकाशित की गयी। पांडेय जी ने, हमारे संकाय में, सन् 1965 से 1967 तक हिन्दी पढ़ाई।

सन् 1969 में, प्रोफ़ेसर आल. रोसेती, प्रोफ़ेसर ला. तेबान और प्रो. ची. पोगिर्क के लिखित प्रस्ताव पर, शिक्षा मंत्रालय ने बुखारेस्त विश्वविद्यालय में, प्राच्य भाषाओं के संकाय के अन्तर्गत, हिन्दी विभाग की स्थापना करने की स्वीकृति दे दी।

उस समय, हिन्दी प्रेमी दानिल इंक्ज़े ने प्रेमचंद की 22 कहानियों का सीधे हिन्दी से रोमानियन में अनुवाद किया है।

सन् 1968 से 1972 तक, हैदराबाद के उस्मानिया विश्वविद्यालय के प्राध्यापक, प्रभु दयाल विद्यासागर ने हिन्दी अध्यापन किया। पहले दो अध्ययन-वर्षों के भीतर उन्होंने ऐच्छिक पाठ्यक्रम पढ़ाया।

1971 के वसंत से, रोमानियन सरकार ने बुखारेस्त विश्वविद्यालय में चतुर्वर्षीय हिन्दी विभाग स्थापित करने का निर्णय किया। उसी साल, हिन्दी विभाग के सहायक अध्यापकों के रूप में, श्री लौरेन्त्स्यु तेबान और श्री निकोलाये ज़्बेरेआ कि नियुक्ति भी की गयी थी। निकोलाये ज़्बेरेआ ने, आगरा के केन्द्रीय हिन्दी संस्थान की पत्रिका 'समन्वय' में 'भारत और रोमानिया का सांस्कृतिक संबंध' प्रकाशित करवाया।

अपने चार साल के कार्यकाल में, डॉ. विद्यासागर ने रोमानियन विद्यार्थियों के

लिए एक पाठ्यपुस्तक तथा एक विस्तृत हिन्दी-रोमानियन शब्दकोश (चार खंडों में) और एक रोमानियन-हिन्दी शब्दकोश प्रकाशित करवाये। हिन्दी-रोमानियन के संपादक-मंडल के दूसरे सदस्य अस. इयोन पेत्रेस्कु, अस. निकोलाये ज़्बेरेआ और अस. लौरेन्त्स्यु तेबान हुए थे।

मार्च 1973 से मई 1974 तक, तीसरे भारतीय प्राध्यापक, दिल्ली विश्वविद्यालय से आए हुए, इंद्रनाथ चौधरी ने रोमानिया में हिन्दी पढ़ाई हिन्दी के अध्यापन द्वारा उन्होंने भी भारतीय संस्कृति तथा कला के प्रति रोमानियन जनता की विशेष अभिरुचि जाग्रत की।

भारतीय संस्कृति और सभ्यता के इतिहास में विद्यार्थियों की जानकारी पूर्ण करने के लिए, 1972 से प्रो. चिचेरोने पोगिर्क और चिकित्सक सेर्ज्यु आल-जेओर्जे ने व्याख्यान दिये। उसी समय, संस्कृत और भारतीय सभ्यता पर, दिल्ली की प्राध्यापिका, श्रीमती उषा चौधरी ने विशेष भाषण दिये।

1974 में, बुखारेस्त में, रोमानियन-भारतीय मित्रता का समाज स्थापित हुआ।

1975 से 1978 तक डॉ. दयाल विद्यासागर ने पुनः रोमानिया आकर हिन्दी की पढ़ाई की।

अप्रैल 1979 में, आगरा के केन्द्रीय हिन्दी संस्थान से, डॉ. सूरजभान सिंह रोमानिया आये थे। उन्होंने यहाँ 1983 तक हिन्दी पढ़ाई प्रो. सूरज भान सिंह ने नवीन भाषा वैज्ञानिक पद्धति के आधार पर, दो खंडों में, हिन्दी भाषा की पाठ्य-पुस्तक लिखी। 1983 में, वे भारत लौट गये और उसी साल जबलपुर विश्वविद्यालय से डॉ. महावीर सरन जैन भारत सरकार की ओर से, बुखारेस्त विश्वविद्यालय में, हिन्दी प्रोफ़ेसर प्रतिनियुक्त हुए। उन्होंने हमारे देश में 1984 तक हिन्दी का अध्यापन किया।

उसी समय से 1992 तक, सुश्री अमिता बोस ने बांग्ला और संस्कृत पढ़ाई

श्री रादू बेर्चेआ ने 1996 से 2000 तक बुखारेस्त विश्वविद्यालय में भारतीय सभ्यता और संस्कृत का अध्यापन किया। उन्होंने 'प्राचीनतम उपनिषद' का अनुवाद आलोचना-संबंधी टिप्पणियों के साथ प्रकाशित करवाया। आजकल, रादू बेर्चेआ, 'सेर्ज्यु आल-जेओर्जे' प्राच्य विद्या संस्थान के निदेशक हैं।

समय के दौरान, हिन्दी पाठ्यक्रम के स्नातक—मारिया लीला पोपेस्कु, लेलिया पोपेस्कु, मिर्चेआ इतु, एरिक बेचेस्कु और कवि जेओर्जे आंका—हिन्दी साहित्य तथा संस्कृत के विषय पढ़ाए।

1998 से 1999 तक, प्राध्यापिका लता गुप्ता ने, रोमानियन विद्यार्थियों के लिए, हिन्दी का अध्यापन किया। 1998 से 2000 तक, प्रोफ़ेसर यतीन्द्र तिवारी ने हिन्दी साहित्य का पाठ्यक्रम सिखाया। उनके रहने के समय, मार्च 2000 में, हिन्दी विभाग के 30 वर्ष पूर्ण होने पर एक समारोह आयोजित हुआ। सन् 2000 से 2003

तक, डॉ. शत्रुघ्न कुमार ने हिन्दी साहित्य पढ़ाया।

सन् 2000 से, अस. साबिना पोपर्लान हिन्दी भाषा-विज्ञान तथा हिन्दी साहित्य पढ़ाती हैं।

वरिष्ठ प्राध्यापक लौरेन्त्स्यु तेबान, हिन्दी विभाग के शुरू से ही, अर्थात 35 वर्षों से, हिन्दी भाषा-विज्ञान एवं संस्कृत पढ़ा रहे हैं। उन्होंने आगरा के केन्द्रीय हिन्दी संस्थान की पत्रिका 'गवेषणा' में, 'हिन्दी भाषा का मूलभूत वाक्य-विन्यास' प्रकाशित करवाया। वे डॉ. विद्यासागर के हिन्दी-रोमानियन शब्दकोश के संपादक-मंडल में एक सदस्य थे।

हिन्दी विभाग के अध्यापक हिन्दी भाषा का व्याकरण तैयार कर रहे हैं।

आजकल बुखारेस्त के हिन्दी विभाग में, लगभग 34 विद्यार्थी संस्कृत, हिन्दी भाषा और साहित्य पढ़ रहे हैं।

हंगेरी में हिन्दी का अध्ययन-अध्यापन

संदर्भ : हंगेरियन विद्यार्थियों के लिए हिन्दी पाठ्य-पुस्तक

❑ **मारिया नेज्यैशी**

1

इस आलेख का विषय यह है कि हंगेरी में भारत तथा हिन्दी अध्ययन-अध्यापन के बारे में संक्षेप में कुछ जानकारियाँ दी जाएँ।

आजकल भारत में आधुनिक मीडिया की सहायता से यह तथ्य कुछ अधिक लोगों को पता होगा कि सांस्कृतिक तथा ऐतिहासिक कारणों से हम, हंगेरीवासी भारत के संबंध में बहुत आत्मीय तथा भावुक हैं तथा भारतीय संस्कृति को गहरे सम्मान की दृष्टि से देखते हैं। हम अपने आप को यूरोप में पूर्व से आये हुए लोग समझते हैं और इस विश्वास के सब से प्रबल समर्थक महान हंगेरियन भारतविद् अलेक्सान्द्र चोमा दे कोरोश (Alexander Csoma de Kőrös) (1784-1842) थे। 19वीं शताब्दी के प्रारम्भ में **चोमा दे कोरोश** एशिया में हंगेरियन लोगों के प्राचीनतम संबंधों की खोज करने के लिए ही भारत पहुँचे थे। वहाँ से लद्दाख और ज़ंस्कार जाकर और वहाँ सात-आठ साल बिताकर उन्होंने न केवल तिब्बती भाषा का पहला व्याकरण लिखा बल्कि तिब्बती-अंग्रेजी शब्दकोश भी तैयार किया। वे पहले यूरोपियन थे जिन्होंने तिब्बती भाषा के ग्रंथों का अध्ययन किया।

विश्वविख्यात हंगेरियन भारतविदों में **सर औरेल श्तैइन** (Sir Aurel Stein) (1862-1943) का नाम उल्लेखनीय है। उन्होंने सर्वप्रथम कल्हण की 'राजतरंगिणी' का आलोचनात्मक संपादन किया था। तीन बार मध्य एशिया और तुर्किस्तान की खोज यात्राएँ आयोजित करके उन्होंने महत्त्वपूर्ण शोधकार्य किए थे।

हंगेरी में संस्कृत पठन-पाठन की परम्परा और अधिक पुरानी है। सत्रहवीं और अठारहवीं शताब्दी में संस्कृत ग्रंथों के प्रारंभिक हंगेरियन अनुवाद तुर्की तथा लैटिन भाषाओं के माध्यम से हुए थे। लेकिन पिछली शताब्दी के उत्तरार्द्ध में संस्कृत से सीधे हंगेरियन में अनुवाद प्रारम्भ हुए और आज यह विश्वास के साथ कहा जा सकता है कि संस्कृत की सारी मूल रचनाओं का अनुवाद हंगेरियन में किया जा चुका है।

लगभग यही स्थिति हिन्दी से हंगेरियन अनुवाद के संदर्भ में भी कही जा सकती है। इस प्रकार के प्रारंभिक अनुवाद अंग्रेज़ी के माध्यम से हुए थे लेकिन वर्तमान दशक में अनुवाद सीधे हिन्दी से किए जाने लगे। इस संदर्भ में भारत की स्वतंत्रता की 50वीं वर्षगाँठ के अवसर पर 'ताज महल में चाय' नाम से प्रकाशित कहानी संकलन उल्लेखनीय है। इसके साथ ही हंगेरियन कहानियों के भी सीधे अनुवाद होने लगे जैसे दिल्ली में हाल ही में प्रकाशित 'अभिनेता की मृत्यु'।

हंगेरी में संस्कृत भाषा और साहित्य का अध्ययन-अध्यापन औपचारिक रूप से, **ओत्वोश लोरान्द विश्वविद्यालय** के **भारोपीय अध्ययन विभाग** में पिछले एक सौ तीस साल से हो रहा है। विगत लगभग 50 वर्षों से इस विश्वविद्यालय में भारतीय अध्ययन (Indology) में एम. ए. तक की शिक्षा पाँच वर्षों में दी जाती है। विभाग के भूतपूर्व अध्यक्ष प्रोफेसर **चाबा तोत्तोशि** (Prof. Csaba Töttössy) ने संस्कृत के विधिवत अध्ययन की आधुनिक रूपरेखा बनायी थी।

मगर हिन्दी पठन-पाठन की परंपरा इतनी पुरानी नहीं है। भारत से दूर मध्य यूरोप के एक देश में हिन्दी के अध्ययन-अध्यापन का काम कितना कठिन हो सकता है, इसकी कल्पना वे ही लोग कर सकते हैं जिन्होंने ऐसा अनुभव किया है। इस क्षेत्र में **डॉ. आर्पाद देबैरेत्सैनी** (Dr. Árpád Debreczeni) (1911-1984) ने कुछ प्रारंभिक क़दम उठाये थे। वे हंगेरी के भारतीय दूतावास में काम करते थे। काम करने के दौरान ही हिन्दी में उनकी रुचि उत्पन्न हुई थी और उन्होंने लगभग स्वतः हिन्दी सीखी थी। **ओत्वोश लोरान्द विश्वविद्यालय** में उन्होंने ही सब से पहले हिन्दी की कक्षाएँ ली थीं।

डॉ. देबैरेत्सैनी के पेंशन पर जाने के बाद जब मैंने हिन्दी की कक्षाएँ लेनी शुरू कीं तो मेरे सामने सबसे बड़ी दिक्कत यह थी कि हिन्दी पढ़ाने के लिए न तो मेरे पास कोई पाठ्यपुस्तक थी और न अन्य सामग्री क्योंकि डॉ. देबैरेत्सैनी बिना किसी निर्धारित पाठ्यपुस्तक के अपने ढंग से हिन्दी पढ़ाते थे। उनके पास अपने नोट्स थें जिनका वे ही प्रयोग करते थे। पाठ्य पुस्तकें हंगेरियन में थीं ही नहीं। इसीलिए मुझे रूसी तथा अंग्रेजी माध्यम से हिन्दी पढ़ाने की पाठ्य-पुस्तकों को छानना पड़ा। साथ ही हिन्दी का एक पाठ्यक्रम निर्धारित करने का मौक़ा मिला। यह एक मुश्किल काम था क्योंकि हर कक्षा के लिए हर सप्ताह पाठ तैयार करना होता था।

उस समय यानी 1980 के आसपास बुदापैश्त में हिन्दी भाषी लोग लगभग नहीं के बराबर थे और हिन्दी बोलने का अवसर दुर्लभ था। विभाग में हिन्दी की पुस्तकें भी बहुत कम थीं, जबकि आज भारत सरकार तथा भारतीय राजदूतावास के सहयोग से हिन्दी की लगभग चार हज़ार पुस्तकें विभागीय पुस्तकालय में उपलब्ध हैं। आज हमारे छात्रों को वह दिक्कत नहीं महसूस होती है जो उन दिनों थी।

1992 में हिन्दी शिक्षण के संबंध में एक महत्त्वपूर्ण परिवर्तन यह हुआ कि

आई.सी.सी.आर. (भारतीय सांस्कृतिक संबंध परिषद) के माध्यम से भारोपीय भाषा-विज्ञान विभाग में हिन्दी पढ़ाने एक अतिथि प्रोफ़ेसर का पद स्थापित किया गया। इस रूप में पहली बार **डॉ. असग़र वजाहत** आये थे जो स्वयं हिन्दी के एक जाने माने लेखक हैं। उन्होंने भाषा और आधुनिक हिन्दी साहित्य पढ़ाने में महत्त्वपूर्ण काम किया। वे उर्दू की प्रारंभिक कक्षाएँ भी लेने लगे जो हिन्दी के छात्रों के लिए बहुत उपयोगी सिद्ध हुईं। इसके बाद **डॉ. वजाहत** के स्थान पर तीन साल तक **डॉ. लक्ष्मण सिंह बिष्ट 'बटरोही'** हमारे विभाग में हिन्दी भाषा और साहित्य पढ़ाते थे। वे भी हिन्दी के सुपरिचित कथाकार व समालोचक हैं और विभाग के विद्यार्थियों में उन्होंने मध्यकालीन हिन्दी साहित्य के प्रति रुचि जगायी है। उन्होंने हमारे छात्रों के लिए आधुनिक हिन्दी कविता की प्रतिनिधि कृतियाँ एकत्रित करके एक पुस्तिका बनायी थी।

2000 से लेकर 2003 तक आई.सी.सी.आर. वाले अतिथि प्रोफ़ेसर के पद पर **डॉ. रवि प्रकाश गुप्त** नियुक्त थे। उन्होंने बोल-चाल की हिन्दी पढ़ाने के लिए एक बड़ी उपयोगी पुस्तिका बनायी थी जिसका प्रयोग हम तब से करते आ रहे हैं। मार्च 2003 में **भारतीय राजदूतावास, बुदापैश्त** और **भारोपीय अध्ययन विभाग** ने मिलकर एक अंतर्राष्ट्रीय हिन्दी सम्मेलन का पहली बार हंगेरी में आयोजन किया तथा इस कार्यक्रम की सफलता का श्रेय **डॉ. रवि प्रकाश गुप्त** को है।

हमारे विभाग से जो स्नातक निकले हैं उनमें विशेष रूप से हिन्दी के अध्ययन-अध्यापन के क्षेत्र में युवा पीढ़ी के प्रतिभाशाली प्रतिनिधि **इमरै बंघा** (Imre Bangha) हैं। वे शान्तिनिकेतन विश्वविद्यालय से रीतिकालीन कवि आनन्दघन (घन आनन्द) पर पी-एच.डी. प्राप्त करने के बाद ऑक्सफ़ोर्ड (Oxford) विश्वविद्यालय में हिन्दी भाषा और साहित्य पढ़ाने का कार्य करने लगे। वे आजकल ऑक्सफ़ोर्ड के अलावा रोमानिया में स्थित चीकसैरैदा (Miercurea Ciuc) के सपिएंत्सिया (Sapientia) विश्वविद्यालय में भी कार्यरत हैं। 2003 से लेकर वे **भारोपीय अध्ययन विभाग,** बुदापैश्त में भी 'रीडर' की उपाधि धारण करते हैं। कुछ सालों से उनके निरीक्षण में एक महत्त्वपूर्ण शोध-कार्य चल रहा है : तुलसीदास कृत 'कवितावली' के नये, पाठालोचनात्मक प्रकाशन का काम जिसमें 4-5 युवा हंगेरियन भारतविद् शामिल हैं।

पिछले दस वर्षों से हंगेरी में भारतीय संस्कृति तथा भाषाओं के प्रति लोगों की रुचि निरंतर बढ़ रही है। विश्वविद्यालय के अतिरिक्त भारतीय दूतावास, बुदापैश्त में भी हिन्दी की नियमित कक्षाएँ होती हैं जिनमें हंगेरियन भारतप्रेमी बड़ी संख्या में आते हैं। तीन स्तरों में हिन्दी की कक्षाएँ ली जाती हैं–प्रारंभिक, माध्यमिक और उच्च स्तर में। हिन्दी कक्षाओं के अतिरिक्त दूतावास में भारतीय संस्कृति पर आधारित व्याख्यानमाला का आयोजन भी किया जाता है जिसमें हंगेरियन तथा भारतीय भारतविद् दर्शन, इतिहास, समाज, कला आदि विषयों पर रोचक व्याख्यान देते हैं।

इस कार्यक्रम के दौरान हिन्दी पढ़नेवाले छात्र प्रतिवर्ष 'हिन्दी दिवस' भी बड़े उत्साह से मनाते हैं। हंगेरियन कविताओं के हिन्दी अनुवादों की पाठ-प्रतियोगिता आयोजित की जाती है तथा हिन्दी का एक लघुनाटक भी मंचित किया जाता है। जनवरी 1995 में दूतावास में हिन्दी पढ़ने वाले छात्र तथा भारतीय संस्कृति पर व्याख्यानमाला में सम्मिलित होने वाले लोग एक सांस्कृतिक शैक्षणिक यात्रा पर तीन हफ्ते के लिए भारत जा चुके थे। उस यात्रा का उद्देश्य भारतीय संस्कृति तथा हिन्दी भाषा से छात्रों का जीवंत संपर्क स्थापित करना था। उस प्रोग्राम की सफलता देख कर 2000 में इसी तरह दक्षिण भारत में भी एक सांस्कृतिक शैक्षणिक यात्रा का बंदोबस्त किया गया था।

2.1

भारतीय भाषाओं, विशेष रूप से हिन्दी के प्रति लोगों की बढ़ी हुई रुचि के कारण लंबे अरसे से मुझे हंगेरियन माध्यम से हिन्दी पढ़ाने की एक पाठ्यपुस्तक की आवश्यकता अनुभव होने लगी थी। डॉ. वजाहत के साथ मिलकर यह काम प्रारंभ भी हुआ है जो अब पुस्तक तैयार होने वाली है। कुछ वर्षों के अध्ययन के दौरान पुस्तक की गुणवत्ता की जाँच भी निरंतर चल रही है और इस रूप में उसमें परिशोधन भी किया जा रहा है।

इस परिप्रेक्ष्य में मुझे सबसे पहले यह निश्चय करना था कि यह पाठ्यपुस्तक किस तरह के छात्रों के लिए बनेगी। इस पाठ्यपुस्तक का प्रयोग करने वाले मुख्यतः विश्वविद्यालय के विद्यार्थी होंगे। साथ ही दूतावास की कक्षाओं में भाग लेने वाले छात्र भी इसके माध्यम से हिन्दी सीख सकेंगे। इसलिए हंगेरियन परिस्थितियों को ध्यान में रखकर कहा जा सकता है कि यह कोई 'स्वयं सीखो' प्रकार की पुस्तक नहीं होगी, बल्कि विद्यार्थी अपने प्राध्यापक के सहयोग से ही इसका इस्तेमाल कर सकेंगे।

पुस्तक तैयार करते हुए एक और प्रश्न मेरे दिमाग में उठा था कि भाषा पढ़ाने का ढंग क्या हो। भाषा सीखने की जो आधुनिकतम प्रवृत्तियाँ समझी जाती हैं उनमें व्याकरण पर अधिक बल नहीं दिया जाता। लैटिन, प्राचीन यूनानी और संस्कृत की पृष्ठभूमि होने के कारण मुझे भाषा शिक्षण की वही परंपरागत प्रणाली इस पुस्तक के संदर्भ में भी उचित जान पड़ी। यह प्रणाली विश्वविद्यालय के विद्यार्थियों के लिए यों भी अधिक उपयोगी है क्योंकि वे भाषा व व्याकरण के अंतरंग अनुशासन से परिचित होते हैं।

भविष्य में भी हम इस प्रकार की कई पाठ्यपुस्तकों को तैयार करने की योजना बना रहे हैं। इस सिलसिले में यह किताब प्रारंभिक स्तर के छात्रों की है। इसके बाद माध्यमिक स्तर की पाठ्यपुस्तक भी तैयार की जाती है। जो बोलचाल की हिन्दी पढ़ाने के लिए बातचीत की पुस्तक है तथा जिसका उद्देश्य विभिन्न परिस्थितियों में बोली जानेवाली हिन्दी के अलग-अलग रूप दिखाना और सिखाना है वह पुस्तक

डॉ. रवि प्रकाश गुप्त ने बुदापैश्त में रहते हुए तैयार की है। इस पाठ्यपुस्तक-माला में विश्वविद्यालय के छात्रों के लिए एक गद्य-संकलन भी प्रकाशित करने की योजना है जिसके माध्यम से छात्रों का हिन्दी के विभिन्न रूपों और शैलियों से परिचय दिया जा सकेगा जैसे—पत्रकारिता या आलोचना की भाषा, निबंध, संस्मरण, यात्रावृत्त आदि की भाषा। इस तरह का गद्य-संकलन हिन्दी अध्यापन के दूसरे साल में उपयोगी होगा। कुछ वर्षों से आधुनिक हिन्दी कहानियाँ पढ़ते-पढ़ाते हुए अपने छात्रों के साथ एक ऐसा संग्रह भी सहज ही बन रहा है जिसमें कहानियों के मूल पाठ के अलावा लेखकों का संक्षिप्त परिचय, व्याकरणिक तथा सांस्कृतिक टिप्पणियाँ, आवश्यक शब्दावली आदि सम्मिलित हों। इस संबंध में हिन्दी के तमाम विद्वानों से मेरा निवेदन है कि वे हिन्दी की प्रसिद्ध आधुनिक रचनाओं के पाठालोचन की योजना बनाकर प्रामाणिक पाठ प्रकाशित करायें जिससे कि हमें आधारभूत सामग्री प्राप्त हो सके। हमारी पाठ्यपुस्तक माला में इस प्रकार की सामग्री का उपयोग तीसरे वर्ष के विद्यार्थियों के लिए किया जाएगा। चौथे साल के विद्यार्थी आधुनिक और मध्यकालीन कविता पढ़ते हैं। डॉ. बिष्ट ने उनके लिए एक कविता संग्रह बनाने का काम किया था। 'आधुनिका' शीर्षक से इसका एक नमूना हमारे छात्र, दानिएल बलोग (Daniel Balogh) ने कम्प्यूटर से सेट किया है पर उसका प्रकाशन अभी तक संभव नहीं था। इसमें भारतेन्दु और हरिऔध से लेकर अशोक वाजपेयी तक बीस कवि संकलित हैं।

देवनागरी लिपि के साथ-साथ हंगेरियन अक्षरों की छपाई कम्प्यूटर सेटिंग से करने के पहले संभव नहीं था। एक वार्तालाप पुस्तिका को छापने में लगभग 25 वर्ष लगे थे। यह छोटी पुस्तिका **एवा अरदी** ने 1980 के आसपास तैयार की थी और केन्द्रीय हिन्दी निदेशालय द्वारा 2000 के बाद प्रकाशित की गयी थी।

हिन्दी अध्ययन-अध्यापन के क्षेत्र में एक बड़ी समस्या और है : हिन्दी-हंगेरियन शब्दकोश का अभाव। 1983 में **देबैरत्सैनी आर्पाद** ने शब्दकोश के लिए महत्त्वपूर्ण सामग्री एकत्र की थी, पर उस समय छपाई की कठिनाइयों के कारण उसका प्रकाशन संभव नहीं हो पाया। एक हंगेरियन-हिन्दी शब्दकोश 1973 में प्रकाशित हुआ है पर न तो उसमें पर्याप्त शब्दावली निहित है और न उसे प्रामाणिक ही कहा जा सकता।

2.2

प्रारंभिक स्तर के विद्यार्थियों के लिए जो पाठ्यपुस्तक तैयार की गयी है उसका ढाँचा इस तरह का है कि हिन्दी भाषा की संक्षिप्त भूमिका (जैसे भारोपीय भाषा परिवार में हिन्दी की स्थिति, उसका संक्षिप्त इतिहास, शब्दावली की विशेषताएँ आदि) के बाद देवनागरी लिपि का परिचय प्रस्तुत किया गया है। मुझे विश्वास है और कई सालों से पढ़ाने का मेरा अनुभव भी है कि विद्यार्थियों के लिए देवनागरी लिपि का प्रयोग एकदम प्रारंभ से ही किया जाना चाहिए। छात्र उसे स्वाभाविक रूप से स्वीकार

करते हुए जल्दी सीख जाते हैं। देवनागरी लिपि पढ़ाते समय उच्चारण का भी अभ्यास कराया जाता है। इस काम में श्रव्य सामग्री का होना अत्यंत महत्त्वपूर्ण है। जामिया मिलिया विश्वविद्यालय ने इस पाठ्यपुस्तक की श्रव्य सामग्री तैयार करने का दायित्व उठाया है। इस सामग्री का संशोधन **डॉ. रवि प्रकाश गुप्त** और **ऊर्मिल गुप्त** ने किया है।

पाठ्यपुस्तक के प्रारंभिक पाठों में कुछ बुनियादी पैटर्न (व्याकरणिक ढाँचे) समझाये, सिखाये और अभ्यास कराये गये हैं। इन पाठों में संज्ञा, विशेषण, कुछ सर्वनाम तथा वर्त्तमानकालिक क्रिया के रूप साधारण, छोटे वाक्यों में प्रस्तुत किये गये हैं। इस प्रकार के अभ्यास की जानकारी के बाद विद्यार्थी को मूल पाठ समझने में आसानी होती है। पाठ्यपुस्तक का मुख्य भाग 15 पाठों का है। एक-एक पाठ में मूल पाठ के दो भाग हैं पहला मुख्यतः विवरणात्मक प्रकार का है, दूसरा बातचीत का। ये सभी भाग **डॉ. असग़र वजाहत** ने लिखे हैं। मूल पाठ के बाद उसमें प्रयुक्त नये शब्द दिए गए हैं और फिर दस-बारह अभ्यास।

पाठ्यपुस्तक का अलग एवं महत्त्वपूर्ण हिस्सा व्याकरण का है। हर एक पाठ में व्याकरण की संदर्भ संख्याएँ दी गयी हैं। इस प्रकार एक विवरणात्मक व्याकरण भी बन जाता है यद्यपि यह स्वाभाविक रूप से हिन्दी का पूरा व्याकरण नहीं है।

पाठ्यपुस्तक के अंत में उसमें प्रयुक्त शब्दावली का एक हिन्दी-हंगेरियन तथा हंगेरियन-हिन्दी कोश दिया गया है।

3

पाठ्यपुस्तक के निर्माण के दौरान अनेक प्रकार की समस्याएँ सामने आयीं। पहली समस्या यह थी कि अलग-अलग पाठों की कथा स्वतंत्र हो या उनके बीच कोई घटनासूत्र जुड़ा हुआ हो। इस संदर्भ में डॉ. वजाहत ने एक केंद्रीय पात्र के माध्यम से भारतीय मध्यवर्गीय जीवन की एक कथा बुनी जिसका संबंध ग्रामीण, शहरी तथा फ़िल्मी दुनिया के साथ है। पाठ लिखते समय लेखक को व्याकरण का एक विशेष रूप ध्यान में रखते हुए पूरे पाठ में उसी की पुनरावृत्ति करनी होती थी। इस प्रकार अगले पाठों में क्रमशः भाषा के अधिक व्याकरणिक स्तर स्पष्ट होते चलते थे।

पाठ्यपुस्तक का केंद्रीय पात्र, विनोद विद्यार्थियों में इतना लोकप्रिय हो गया है कि कई लोग उसे अपना दोस्त मानने लगे हैं।

यह पाठ्यपुस्तक मूलतः प्रारंभिक विद्यार्थियों में भाषा शिक्षण के उद्देश्य से तैयार की गयी है अतः रोचकता एवं जिज्ञासा बनाये रखने के लिए जीवंत स्थितियाँ और तदनुरूप सहज स्वाभाविक बोलचाल की भाषा को अपनाया गया है,—उदाहरण के लिए विनोद और उससे जुड़े अन्य पात्र रेलवे स्टेशन, दर्शनीय स्थान, गाँव या थियेटर, फ़िल्म-स्टूडियो आदि जाकर वहाँ के संबंध में जीवंत बातचीत करते हैं।

परिणामस्वरूप भारतीय जीवन के विभिन्न पक्षों से जुड़ी भाषा से विद्यार्थी परिचित हो जाता है। इस प्रक्रिया में आगामी वर्षों में विद्यार्थी साहित्यिक एवं शिष्ट शब्दावली से कुछ हद तक अपरिचित रह जाता है जिसका परिचय उसे तीसरे साल क़े बाद साहित्यिक कृतियों का पाठ पढ़ने से होता है।

चूंकि हंगेरियन भाषा में यह इस प्रकार की पहली पाठ्यपुस्तक है जिसके लिए हंगेरियन व्याकरणिक शब्दावली को नये सिरे से खोजनी थी तथा इस रूप में एक नितांत मौलिक विवरणात्मक व्याकरण निर्मित किया जाना था इसलिए इस तरह के प्रयास की स्वाभाविक चुनौतियाँ मेरे सामने थीं। चूँकि हिन्दी और हंगेरियन भाषा के व्याकरणिक ढाँचे में कभी-कभी बहुत अधिक अंतर दिखाई देता है,–उदाहरण के लिए कृदन्तों या संयुक्त क्रियाओं में इस प्रकार का अंतर अधिक है, इसलिए एक भिन्न भाषापरिवार में अपनी बात समझाने के लिए एक नयी तथा समर्थ भाषा खोजनी थी जो स्वयं में कितना कठिन कार्य है, इसे यहाँ उपस्थित भाषाविद् सहज ही अनुभव कर सकते हैं।

पाठ्यपुस्तक में हर पाठ के अंत में अनेक प्रकार के अभ्यास दिये गये हैं जो उसी व्याकरणिक स्वरूप पर आधारित हैं जिसका प्रयोग उस पाठ में किया गया है। इस प्रकार एक विशेष व्याकरणिक ढाँचे को अनेक प्रकार से समझते-समझाते हुए प्रयुक्त किया गया है जिससे विद्यार्थी संबंधित व्याकरणिक स्वरूप का सहज प्रयोग सीख जाता है। इस प्रकार के प्रयोग हिन्दी शिक्षण संबंधी पाठ्यपुस्तकों में मुझे बहुत कम देखने को मिले हैं, अतः मैंने प्रयास किया है कि विदेशियों को अपने मूल संदर्भों के साथ हिन्दी शिक्षण का कार्य इस पाठ्यपुस्तक में अधिक से अधिक प्रामाणिक रूप में संभव हो सके।

संतोष की बात है कि इस पुस्तक को ऑक्सफोर्ड विश्वविद्यालय के हिन्दी प्राध्यापक **इमरे बंघा** भी अपने यहाँ पढ़ा रहे हैं। इस प्रकार मुझे पाठ्यपुस्तक की उपादेयन के संदर्भ में प्रतिक्रिया प्राप्त हो रही है। इस रूप में पाठ्यपुस्तक का अंग्रेजी रूपांतर भी होता चला जा रहा है। आशा है कि निकट भविष्य में यह पाठ्यपुस्तक हंगेरियन और संभवतः अंग्रेज़ी में भी प्रकाशित होगी।

हिन्दी अध्यापन : गतिविधियाँ

वारसा विश्वविद्यालय में हिन्दी के पाठ्यक्रम और पढ़ाने की सामग्री

❑ दानूता स्ताशिक

...हिन्दी की मेरी जानकारी अधूरी और ऊपरी होती हुई भी, बहुत कुछ दे चुकी है मुझे, मुझे बहुत कुछ मिला है हिन्दी से और मेरा हिन्दी पढ़ाने का उद्देश्य भी हमेशा यही रहा है कि औरों को भी इस प्रकार का फ़ायदा और आनंद महसूस करने का मौका मिले।

–रूपर्ट स्नेल

पोलैंड में हिन्दी की पढ़ाई का इतिहास सहज ही भारत-विद्या के इतिहास का एक अंश है। जैसा कि मैं अपने लेखों में लिख चुकी पोलैंड में भारत-विद्या का समारंभ गत दो-तीन सौ वर्ष पहले हुआ था, पर ऐतिहासिक और राजनीतिक कारणों से सर्वप्रथम भारत-विद्या विभागों की स्थापना प्रथम महायुद्ध के बाद ही संभव हुई।

वारसा विश्वविद्यालय में सन् 1932 में प्रसिद्ध पोलिश विद्वान् प्रो. स्तानिस्लाव शायेर के प्रयासों से प्राच्य-विद्या संस्थान खुला, जिसके विभागों में भारत-विद्या विभाग भी था। इसी विभाग में हिन्दी के अध्यापन-कार्य का समारंभ सन् 1938 में हुआ किन्तु एक वर्ष के पश्चात् द्वितीय महायुद्ध के कारण विश्वविद्यालय के सभी संस्थान तथा कार्य बंद हो गए। महायुद्ध के बाद सन् 1953 में वारसा विश्वविद्यालय के प्राच्य-विद्या संस्थान में भारत-विद्या विभाग पुनः आरंभ हुआ, जिसका नाम सन् 1996 में बदलकर दक्षिण एशिया विभाग कर दिया गया।

शुरू में अध्ययन-अध्यापन का प्रमुख क्षेत्र संस्कृत भाषा, प्राचीन भारतीय संस्कृति और दर्शन था। पर शीघ्र ही सन् 1955 में इस केन्द्र में हिन्दी भाषा और बाद में हिन्दी साहित्य का भी अध्ययन-अध्यापन शुरू हो गया। हिन्दी पाठ्यक्रम का शुभारंभ श्रीमती तात्याना रूत्कोस्का ने किया, जो प्रसिद्ध रूसी विद्धान प्रो. ए. पी. बारान्निकोव की छात्रा रही थीं। उल्लेखनीय है कि प्रो. बारान्निकोव द्वारा रूसी

में लिखा 'हिन्दुस्तानी व्याकरण'[1] विभाग में कुछ समय तक मुख्य पाठ्यपुस्तक बना रहा, जिसका अर्थ है कि हिन्दी और उर्दू साथ-साथ ही पढ़ाई जाती थीं।

संप्रति विभाग में हिन्दी के जो पाठ्यक्रम पढ़ाए जाते हैं, उनके अनुसार हिन्दी प्रमुख यानी पहली भाषा तथा दूसरी या तीसरी भाषा के रूप में सिखाई जा सकती है। हमारे यहाँ पढ़ाई की अवधि पाँच साल है, जिसके बाद एम. ए. की उपाधि दी जाती है (पर यूरोपीय यूनियन के क़ानून के अनुसार कुछ समय बाद ही बी. ए. तथा एम. ए. का दो स्तरीय फ़ॉर्मूला हमें अपनाना होगा)। हमारे विभाग में जिन छात्रों के लिए हिन्दी प्रमुख विषय है, उनके पाठ्यक्रम में चार साल तक प्रति सप्ताह हिन्दी के दस घंटे हैं। पहले दो सालों के दौरान उनमें से चार घंटे व्याकरण के हैं और छह घंटे व्यावहारिक हिन्दी के। व्याकरण मातृभाषा यानी पोलिश के माध्यम से पढ़ाया जाता है और व्यावहारिक हिन्दी की मुख्य ज़िम्मेदारी 'इंडो-पोलिश सांस्कृतिक सहयोग' के अंतर्गत भारत से आए हुए हिन्दी के प्रोफ़ेसरों की है। तीसरे साल से व्याकरण की जगह साहित्यिक पाठ शुरू होता है। इसके अतिरिक्त तीसरे साल से दो साल का हिन्दी-साहित्येतिहास का कोर्स भी शुरू होता है, जिसके अन्तर्गत मध्यकालीन हिन्दी यानी अवधी तथा ब्रज का आधारभूत व्याकरण पढ़ाया जाता है। जिन छात्रों के लिए हिन्दी दूसरी या तीसरी भाषा है, उनके दो-वर्षीय पाठ्यक्रम के लिए प्रति सप्ताह हिन्दी की चार कक्षाएँ निर्धारित हैं तथा उनको आधारभूत हिन्दी सिखाई जाती है।

जहाँ तक पाठ्य-सामग्री का सवाल है (यहाँ मैं उन छात्रों की बात कर रही हूँ, जिनके लिए हिन्दी प्रमुख विषय है), शुरू-शुरू में प्रो. बारान्निकोव का रूसी में लिखा 'हिन्दुस्तानी व्याकरण' पाठ्यपुस्तक का काम करता था, जैसाकि मैंने पहले आपको बताया, बाद में सन् 1969 में प्रकाशित, दिम्शित्स तथा उनके सहयोगियों की लिखी हुई,[2] एक और रूसी पुस्तक ने उसकी जगह ले ली तथा कई साल बाद चेक विद्वान प्रो. पोझ़िज़्का द्वारा, चेक और अँग्रेजी में लिखित, पुस्तक ने उसका साथ दिया। कोई पूछ सकता है कि उन किताबों का इस्तेमाल पोलैंड में क्यों किया जाता था? क्या किसी ने उनका इस्तेमाल हम पर थोप दिया? इन दो सवालों का एक जवाब दिया जा सकता है उनका इस्तेमाल परिस्थितियों ने हम पर थोप दिया। नंबर एक पोलिश भाषा में लिखी हिन्दी की कोई पाठ्य-सामग्री लंबे समय तक उपलब्ध नहीं थी और जो कुछ लिखा गया था, उसको प्रकाशित कराने में आठवें-नौवें दशक तक, यानी कम्प्यूटर आने तक, हम असमर्थ थे। नंबर दो राजनीतिक-आर्थिक परिस्थितियों के कारण पश्चिमी देशों में प्रकाशित किताबें (जैसे आर. एस. मैकग्रेगर

1. A. P. Barannikov, *Hindustani (Urdu i Hindi)*, Leningrad 1934.
2. Z. M. Dimšic, O. G. Ulciferov, V. I. Gorjunov, *Učebnik jazyka hindi*. Čast I, Moskva 1969.

की (Outline of Hindi Grammar)[1] मुद्राओं के विनिमय-दर के कारण इतनी महँगी थीं, कि किसी किताब की एक प्रति भी पुस्तकालय के लिए ख़रीदना बहुत मुश्किल था।

इस संदर्भ में एक और अहम सवाल उभर आता है और यह है हिन्दी पढ़ाने का माध्यम। जैसा कि मैंने आपको अभी बताया, आजकल हिन्दी व्याकरण केवल मातृभाषा यानी पोलिश के माध्यम से पढ़ाया जाता है। और सच यह है कि सिद्धांत रूप में ऐसा शुरू में भी था अध्यापक कक्षा में पोलिश के माध्यम से हिन्दी पढ़ाता था, पर पाठ्य-सामग्री सालों तक या तो रूसी में (ज़्यादातर) या फिर अँग्रेजी में रही। मेरी अपनी पढ़ाई उसी तरह से चलती थी। इसलिए अपने अनुभवों के आधार पर कह सकती हूँ कि हिन्दी और पोलिश के बीच में पड़ती भाषाएँ (रूसी हो, अंग्रेजी हो या कोई भी अन्य भाषा), भाषा-अर्जन (Language acquisition) की गति अवश्य कम करती थीं और साथ ही भाषाई सामर्थ्य (linguistic competence) की पूरी प्राप्ति में बाधक बनती थीं। यह बात तब स्पष्ट हुई जब वारसा विश्वविद्यालय में पहली बार पोलिश भाषा में लिखित *हिन्दी भाषा की पाठ्यपुस्तक*[2] का इस्तेमाल हुआ। छात्रों को हिन्दी व्याकरण की परीक्षा देने के लिए आज भी अंग्रेजी, रूसी तथा अन्य भाषाओं में लिखी किताबें पढ़नी होती हैं, पर अध्ययन का मुख्य माध्यम अपनी ही भाषा है। शायद बोलने में आज भी हमारे छात्र इतने अच्छे नहीं हैं जितने हम अध्यापक उन्हें देखना चाहते हैं (फिर भी आम तौर पर वे, कम से कम, टूटी-फूटी हिन्दी बोलते हैं जो मेरे अपने ज़माने में भारत गए बिना एकदम दुर्लभ था)। पर हिन्दी पढ़ने, समझने और अनुवाद करने में वे बहुत सक्रिय तथा समर्थ हैं।

इस संदर्भ में उल्लेखनीय बात है कि सन् 1978 से पोलिश विद्यार्थियों को भारत सरकार की ओर से उच्च अध्ययन के लिए छात्रवृत्ति मिलती है, जिसके अंतर्गत वे केन्द्रीय हिन्दी संस्थान (पहले दिल्ली, आजकल आगरा केन्द्र) में जाकर हिन्दी वातावरण में हिन्दी पढ़ने का अवसर पाते हैं, इसके अलावा हमारे छात्रों को 'इंडो-पोलिश सांस्कृतिक सहयोग' के अंतर्गत भी छात्रवृत्ति मिल सकती है और तब वे दिल्ली विश्वविद्यालय, जवाहरलाल नेहरू विश्वविद्यालय या काशी हिन्दू विश्वविद्यालय आदि में पढ़ने के लिए जाते हैं। हिन्दी के माध्यम से उनके लिए समग्र भारतीय संस्कृति के मूल तक पहुँचना और भारत की आत्मा को समझना आसान हो जाता है।

---

1. R. S. Mcgregor, *outline of Hindi Grammar*, Oxford 1972.
2. Stasik, Podręcznik Języka hindi. Część I (*हिन्दी की पाठ्यपुस्तक, भाग 1*), Warszawa 1992, 2nd edition 1997 तथा D. Stasik, Podręcznik języka hindi. Część II (*हिन्दी की पाठ्यपुस्तक, भाग 2*) Warszawa 1997. वास्तव में पोलिश भाषा में लिखित हिन्दी का पहला व्याकरण था D. Gąsior, *Gramatyka dla lektoratów*, Poznań 1990. जिसमें केवल आधारभूत हिन्दी व्याकरण सम्मिलित है।

आने वाले शैक्षिक सत्र में विभाग में 20 से ज्यादा छात्र हिन्दी पढ़ेंगे। उनमें से पंद्रह के लिए हिन्दी प्रमुख विषय है, बाकी छात्र हिन्दी दूसरी या तीसरी भारतीय भाषा के रूप में पढ़ेंगे।

पाठ्य-सामग्री के विषय में एक बात और कहना चाहती हूँ। दो साल पहले बुदापैस्त में मैंने बताया था कि विभाग में 'बोलचाल की हिन्दी का स्वरूप' परियोजना पर (जो *'हिन्दी भाषा की पाठ्यपुस्तक'* की अगली कड़ी के रूप में अभिकल्पित है) चल रहा है। शर्म की बात है. कि यह पुस्तक अभी तक तैयार नहीं है, जिसकी अपराधी मैं भी हूँ। अपराध-अपराधी शब्द यहाँ इसलिए प्रयोग कर रही हूँ क्योंकि ऐसी किताब न होने के कारण छात्रों के भाषा-अर्जन की गति कुछ धीमी है। आशा है कि यह कमी शीघ्र ही दूर की जा सकेगी।

अन्त में मैं रूपर्ट स्नेल के शब्दों को उद्धृत करना चाहती हूँ जो इस छोटे लेख के सिद्धांत-वाक्य (motto) का काम करते हैं और साथ ही मेरे अध्यापक-जीवन का अर्थ भी व्यक्त करते हैं : '...हिन्दी की मेरी जानकारी अधूरी और ऊपरी होती हुई भी, बहुत कुछ दे चुकी है मुझे। मुझे बहुत कुछ मिला है हिन्दी से और मेरा हिन्दी पढ़ाने का उद्देश्य भी हमेशा यही रहा है कि औरों को भी इस प्रकार का फायदा और आनंद महसूस करने का मौका मिले।'[1]

---

1. रूपर्ट स्नेल, 'भवदीय, एक हिन्दी-प्रेमी', *नवभारत टाइम्स* 5.01.1995.

'अंग्रेजी छोड़कर' : मध्य तथा पूर्वी यूरोप की भाषाओं से हिन्दी अध्यापन से लाभ और हानि

❑ हरजेन्दरसिंह चौधरी

इस विषय पर इतने संक्षिप्त आलेख में सभी तथ्यों-तर्कों विवादों-निष्कर्षों को समेटना सम्भव नहीं है, मैं केवल अपने अनुभवों को आप विद्वज्जन के साथ बाँटना चाहता हूँ। अंग्रेज़ी को दरकिनार करने की बात बहुत अच्छी लगती है और अनेक दशकों से बार-बार कही जाती रही है। हिन्दी-शिक्षण की प्रक्रिया में, केन्द्रीय पूर्वी योरोप के देशों में, माध्यम-भाषा के रूप में अंग्रेज़ी को अपनाए जाने या छोड़ देने के फायदे और नुकसान के बारे में मैं आधिकारिक रूप से कोई निष्कर्ष नहीं दे सकता। इस आलेख में मैं जो बातें कहने जा रहा हूँ, वे देशज भाषा-भाषी (नेटिव स्पीकर) की हैसियत से तथा व्यावहारिकता व वास्तविकता के तकाजों को ध्यान में रखकर ही कही जा रही हैं।

देशज भाषा-भाषी अध्यापक का दायित्व हिन्दी भाषा के व्यावहारिक-प्रचलित रूपों तथा उसकी सांस्कृतिक पृष्ठभूमि की जानकारी देना है। विदेशी छात्रों तक अपनी बात पहुँचाने के लिए वह किस भाषा का प्रयोग करे? क्या शुरू में ही हिन्दी में बात करना प्रारम्भ कर दे? भाषा-शिक्षण की 'प्रत्यक्ष विधि' कारगर तो है, लेकिन यह व्यावहारिक कठिनाइयों से लबालब भरी हुई है। इस विधि से विदेशी भाषा सीखना-सिखाना असम्भव तो नहीं है, लेकिन यह बहुत कठिन और समय-खपाऊ विधि है। असल में यह विधि अध्यापक और अध्येता दोनों से ही बहुत अधिक समय, परिश्रम और धैर्य की माँग करती है।

हम लोग श्रद्धा, आस्था व निःस्वार्थ अभिप्रेरणाओं वाले किसी 'गुरुकुल-युग' में नहीं रहते, इक्कीसवीं सदी की इस बदहवास दुनिया में रहते हैं। मेरा अनुभव तो यही कहता है कि भागदौड़ और आपाधापी वाले इस युग में इतना समय देने, इतना परिश्रम करने और इतना धीरज रखने को कोई विरला ही तैयार होता है। सब 'व्यस्त' हैं, सबको जल्दी है। अधिकतर लोग (अध्यापक हों या छात्र) आसान व छोटे रास्ते अपनाने की हड़बड़ी में दिखते हैं। एक हाथ ने कान पर मोबाइल लगा रखा है, दूसरे हाथ में अधखाया 'बर्गर' पकड़ा हुआ है, पैर तेजी से सड़क पर कदमताल कर रहे हैं, पर दिल-दिमाग के साथ किसी का भी पूरा तालमेल नहीं बैठ रहा। दिल-दिमाग

भी किसी एक पल में एक ही ठिकाने पर कहाँ रह पाता है! पूरा व्यक्तित्व भटका और बिखरा हुआ दिखाई पड़ता है। लम्बे समय तक टिककर और दिल-दिमाग को टिकाकर कोई काम करना या विचार तक करना निरन्तर मुश्किल होता जा रहा है। ऐसे में भाषा शिक्षण की प्रत्यक्ष विधि के लिए लगातार जगह घटती जा रही है तो इसमें अचरज की कोई बात नहीं।

अंग्रेज़ी भाषा को दरकिनार करने की बात करते समय हमें यह तथ्य नहीं भूलना चाहिए कि अंग्रेज़ी भाषा का स्थान दुनिया में, घटने की बजाय, फैल रहा है। पिछले सवा-डेढ़ दशक (के दौरान) बाजार के निरंकुश प्रसार व वैश्वीकरण की प्रक्रिया में अंग्रेज़ी-भाषी संयुक्त राज्य अमेरिका का 'लगभग निर्विवाद वर्चस्व' स्थापित होने के कारण अंग्रेज़ी और अंग्रेजियत (या कहें कि अमेरिकी अंग्रेज़ी और अमेरिकी तौर-तरीकों) का अधिकाधिक प्रसार होता जा रहा है हुआ है। ऐसी परिस्थितियों में अंग्रेज़ी को दरकिनार करके हिन्दी या किसी भाषा का विदेशी-भाषा के रूप में अध्ययन-अध्यापन और भी मुश्किल हो गया है। मान लीजिए, अध्यापक और छात्र दोनों अंग्रेज़ी जानते हैं, तो ऐसी स्थिति में स्वाभाविक रूप से हिन्दी या किसी भी भाषा की शिक्षण-प्रक्रिया में अंग्रेज़ी माध्यम भाषा के रूप में इस्तेमाल होने लगेगी। जो काम छह महीने या एक साल में हो सकता है, उसके लिए डेढ़ या दो साल का समय कोई भी नहीं देना चाहेगा। (उस स्थिति में तो बिल्कुल भी नहीं, जब सीखी जा रही विदेशी भाषा की ठोस, व्यावहारिक उपयोगिता को लेकर छात्र पूरी तरह आश्वस्त न हों। धनी व विकसित देशों की भाषाओं में अध्येताओं की अधिक रुचि होना इस 'ठोस व्यावहारिक उपयोगिता' का ही एक पहलू है।) शिक्षा प्राप्त करने के बाद यदि रोजगार मिलना निश्चित न हो तो स्वाभाविक है कि शिक्षण-प्रक्रिया में उत्कट व गहरी रुचि नहीं होगी।

विदेशी भाषा-शिक्षण की प्रत्यक्ष विधि में आने वाली कठिनाइयों का एक और महत्त्वपूर्ण स्तर है। जहाँ तक मूर्त्त वस्तुओं-स्थितियों का सवाल है, शब्दों-वाक्यों के अर्थ स्पष्ट करने के लिए संकेतों-पदार्थों-दृश्यों आदि से काम चला सकते हैं। परन्तु भाषा केवल मूर्त्त वस्तुओं-स्थितियों की अभिव्यक्ति व सम्प्रेषण तक सीमित नहीं है, उसकी व्याप्ति मूर्त्त वस्तु-जगत का अतिक्रमण करती है। 'मूर्त्तता' के अतिक्रमण में ही भाषा की वास्तविक क्षमता निहित है। किसी भी सुविकसित भाषा का क्षितिज तो दिखता है, पर वास्तव में उसकी कोई सीमा नहीं होती। भाषा-प्रयोग में जैसे-जैसे हम आगे बढ़ते हैं, वैसे-वैसे अभिव्यक्तियों व सम्प्रेषण की संभावनाओं का क्षितिज आगे-आगे सरकता जाता है। जिस प्रकार 'पद' व 'पदार्थ' (प्रयुक्त शब्द व संकेतित वस्तु) अलग-अलग होकर भी परस्पर जुड़े हुए हैं (दोनों एक ही साथ भाषा-भाषी के मस्तिष्क में आते हैं), उसी प्रकार शब्द और अवधारणा का भी अभिन्न सम्बन्ध है। देशज भाषा भाषी (नेटिव स्पीकर) के लिए भी सटीक शब्दों के अभाव में अवधारणा (की अभिव्यक्ति) अस्पष्ट ही बनी रहती है। विदेशी भाषा (यानी हिन्दी) सीखने वाले

(योरोपीय) छात्रों के समक्ष यदि उस भाषा के अभिव्यक्ति-रूपों (विशेष रूप से 'अमूर्त्त अवधारणाओं') को स्पष्ट करने के लिए एक माध्यम भाषा उपलब्ध है (यानी अध्यापक व अध्येता, दोनों माध्यम-भाषा को जानते हैं) तो अवधारणाओं को स्पष्ट करना सरल हो जाता है। साथ ही ऐसे में गलत समझ का खतरा भी टल जाता है। मैं देशज भाषा-भाषी अध्यापक की हैसियत से अपनी बात आपके सामने रख रहा हूँ तो मेरे लिए यह माध्यम-भाषा अंग्रेज़ी ही हो सकती है, चैक, पोलिश या हंगेरियन नहीं। हाँ, भारत के किसी हिन्दी-अध्यापक को इनमें से (या कोई अन्य योरोपीय भाषा) आती हो तथा ऐसे अध्यापक को प्राग, वार्सा या 'बुदापैश्त' आदि में हिन्दी पढ़ाने के लिए प्रतिनियुक्ति पर भेजा जाए, तो फिर अंग्रेज़ी की अनिवार्यता खुद-ब-खुद ख़ारिज हो जाएगी। पर यह विरल स्थिति है योरोपीय लोगों के विपरीत भारतीयों में अनेक भाषाएँ सीखने जानने की स्वाभाविक ललक कम ही मिलती है।

विदेशी विश्वविद्यालयों में हिन्दी पढ़ाने के लिए भेजे जाने वाले अध्यापकों के चुनाव में संभवतः अंग्रेज़ी भाषा के ज्ञान को भी महत्त्व दिया जाता है। उसका ठोस कारण है। विदेशों में आकर हिन्दी पढ़ाने वाले भारतीय अध्यापक केवल भाषा-शिक्षक नहीं हैं, वे भारत के सांस्कृतिक प्रतिनिधि भी हैं। अंग्रेज़ी भाषा के ज्ञान से उनकी शैक्षिक-सांस्कृतिक गतिविधियों का दायरा विश्वविद्यालय के छात्रों तथा उनकी कक्षाओं के बाहर तक फैलना संभव हो जाता है। सेमीनारों तथा विद्वत्-सभाओं में भाग लेकर हिन्दी तथा भारतीय-संस्कृति के प्रचार-प्रसार की अतिरिक्त स्थितियों-संभावनाओं का लाभ उठा सकते हैं।

भारत से योरोपीय देशों (विश्वविद्यालयों) में आने वाले हिन्दी के विजिटिंग प्रोफ़ेसरों से यह उम्मीद तो नहीं की जा सकती कि वे आते ही कुछ ही महीनों के भीतर उस देश की भाषा सीखकर, सक्षम ज्ञाता बनकर, उसी के माध्यम से हिन्दी पढ़ाना शुरू कर देंगे।...साथ ही भाषा-शिक्षण की 'समय खाऊ' प्रत्यक्ष-विधि अपनाकर अपने दो-तीन साल के प्रतिनियुक्ति-काल को भाषा-शिक्षण सम्बन्धी विभिन्न प्रयोग करने में गुज़ार देना भी कोई समझदारी की बात नहीं लगती। समयबद्ध शिक्षण-कार्यक्रम को सुगम रूप से चलाने के लिए अंग्रेज़ी का प्रयोग करना देशज भाषा-भाषी विजिटिंग प्रोफ़ेसरों की व्यावहारिक विवशता है।...हाँ, योरोपीय अध्यापक अपनी-अपनी भाषा में अपने छात्रों को हिन्दी ज़रूर सिखा सकते हैं। योरोप के हिन्दी अध्यापकों को किसी अन्य भाषा-माध्यम की ज़रूरत नहीं है। उनके लिए माध्यम भाषा के रूप में अंग्रेज़ी अपनाने की 'अनिवार्यता' नहीं है, लेकिन भारत से प्रतिनियुक्ति पर आने वाले विजिटिंग प्रोफ़ेसरों के लिए, अब तक, अंग्रेज़ी के प्रयोग की बाध्यता, दुर्भाग्यवश, बनी हुई है। उम्मीद तो की ही जा सकती है कि यह बाध्यता धीरे-धीरे घटेगी, भारत के हिन्दी-अध्यापकों की नई पीढ़ी में योरोपीय भाषाओं के सक्षम ज्ञाता पैदा होंगे और सांस्कृतिक आदान-प्रदान में अंग्रेज़ी की अपेक्षा केन्द्रीय-पूर्वी योरोप की भाषाओं का महत्त्व स्थापित होगा।

हंगेरी में हिन्दी की राष्ट्रीय परीक्षा

❑ हयनल्का कोवाच

ओत्वोश लोरान्द विश्वविद्यालय (बुदापैश्त) के भारोपीय अध्ययन विभाग की तरफ से इस संगोष्ठी में भाग लेने के लिए इस कारण आई हूँ कि पिछले दो महीनों में हमारे विश्वविद्यालय की प्रवक्ता, डॉ. मारिया नेज्यैशी, के साथ राष्ट्रीय हिन्दी परीक्षा के तीन स्तर–प्रारंभिक, माध्यमिक और उच्च स्तर–के अभ्यास-माला मैं भी तैयार कर रही थी और इस पेपर को इस परीक्षा में प्रस्तुत करूँगी।

जैसे 2002 मार्च में बुदापैश्त में आयोजित अंतर्राष्ट्रीय हिन्दी संगोष्ठी में मारिया जी ने आप लोगों के लिए हंगेरी में हिन्दी शिक्षण के बारे में बताया, यहाँ हिन्दी दो स्थानों में पढ़ाई जाती है। एक तो ओत्वोश लोरान्द विश्वविद्यालय के भारोपीय अध्ययन विभाग में संस्कृत भाषा और साहित्य के साथ-साथ हिन्दी भाषा और साहित्य का भी अध्ययन-अध्यापन हो रहा है। भारतीय अध्ययन (Indology) में एम.ए. तक की शिक्षा पाँच वर्षों में दी जाती है। हालाँकि 2005 से लेकर हंगेरी की उच्च शिक्षण व्यवस्था में बड़ा परिवर्तन आने वाला है। हंगेरी के यूरोपियन कम्प्यूनिटी का सदस्य बनने के बाद हंगेरी के उच्च शिक्षण को भी दो भागों में बाँटना पड़ेगा : तीन साल की शिक्षा के बाद बी.ए. का प्रमाणपत्र मिलेगा, फिर एम.ए. तक और दो साल की शिक्षा करनी पड़ेगी। इस संदर्भ में Indology के अध्ययन-अध्यापन के रूप को भी नए नियम के अनुसार बदलना पड़ेगा। विभाग के सभी अध्यापक आजकल इस काम में व्यस्त हैं।

भारोपीय अध्ययन विभाग में हिन्दी शिक्षण के अतिरिक्त भारतीय दूतावास में भी हिन्दी की नियमित कक्षाएँ होती हैं जिनमें हंगेरियन भारतप्रेमी बड़ी संख्या में आते हैं। यहाँ तीन स्तरों की हिन्दी कक्षाएँ ली जाती हैं : प्रारंभिक, माध्यमिक और उच्च स्तर की। उच्च स्तर पर पढ़ने वाले और हिन्दी में अधिक रुचि लेने वाले छात्रों में से कई लोग विश्वविद्यालय की हिन्दी कक्षाओं में भी भाग लेना शुरू करते हैं और अच्छी तरह हिन्दी सीख लेते हैं। लेकिन विश्वविद्यालय के पंजीकृत छात्र न होने की वजह से इन लोगों को कोई प्रमाणपत्र नहीं मिलता।

इसी समस्या का हल करने में हमको राष्ट्रीय भाषा परीक्षा बहुत उपयोगी साबित हो सकती है। राष्ट्रीय का मतलब यह है कि भाषा परीक्षा को हंगेरी के शिक्षा मंत्रालय ने स्वीकृत और पंजीकृत किया है। जिस तरह अंग्रेजी या जर्मन भाषा में राष्ट्रीय परीक्षाएँ कई दशकों से होती रहती हैं, उसी तरह अब से हिन्दी में परीक्षा देने का भी मौक़ा मिलेगा। साम्यवादी शासनकाल में इस तरह की परीक्षा का बंदोबस्त तो था, लेकिन राजनीतिक परिवर्तन के बाद केंद्रीकृत राष्ट्रीय परीक्षा व्यवस्था समाप्त हो जाने पर छोटी भाषाओं में परीक्षा देने का मौक़ा भी समाप्त हो गया। यहाँ उचित है कि हम छोटी भाषा का मतलब स्पष्ट करें। हंगेरी की राष्ट्रीय भाषा परीक्षा व्यवस्था में किसी भाषा बोलने वालों की संख्या के तौर पर नहीं, बल्कि परीक्षा देने वालों की संख्या के अनुसार छोटी या बड़ी मानी जाती है। इस तरह, राजनैतिक परिवर्तन के बाद छोटी भाषाओं में प्रमाणपत्र इजरा करने से भाषा परीक्षा केन्द्र को अधिक फायदा नहीं मिलता था।

राजनीतिक परिवर्तन के बाद होने वाले निजीकरण के फलस्वरूप कई भाषा परीक्षा केन्द्र स्थापित हो गए। उनमें से एक 'पन्नोन' नाम का राष्ट्रीय भाषा परीक्षा केन्द्र है, जिसने 2004 में छोटी भाषाओं को भी अपनी व्यवस्था में पंजीकृत किया है। हंगेरी के शिक्षा मंत्रालय ने विशेष रूप से छोटी भाषाओं में परीक्षा व्यवस्था फिर से स्थापित करने के लिए पैसे का बंदोबस्त किया। हिन्दी परीक्षा के तीन स्तरों की अभ्यासमाला तैयार करने की जिम्मेदारी ओत्वोश लोरान्द विश्वविद्यालय के भारोपीय अध्ययन विभाग को सौंपी गयी थी। अभ्यासमालाओं को 'पन्नोन' परीक्षा केन्द्र द्वारा नियमित रूप में ही बनवाना था। यह रूप पहली वाली परीक्षा के रूप से काफ़ी हद तक विभिन्न है, व्यावहारिक स्तर पर इसका नतीजा यह हुआ कि हमको बिल्कुल नयी अभ्यासमालाओं को तैयार करना था। नये ढंग की अभ्यासमालाएँ कैसी होती हैं, अब मैं इसके बारे में बताना चाहूँगी।

तीनों स्तरों की परीक्षाएँ दो भाग में विभाजित हैं : मौखिक और लिखित। मौखिक परीक्षा में मुख्यतः किसी विषय पर परीक्षा देने वाले से बातचीत करने के अभ्यास होते हैं। ये विषय या तो लिखे हुए होते हैं, या कैसेट से सुनाये जाने वाले पाठ होते हैं जिसके संदर्भ में ही परीक्षा लेने वाले बातचीत कराते हैं।

लिखित परीक्षा की विशेषता यह है कि परीक्षा के दौरान शब्दकोश का प्रयोग करना मना है। अभ्यास ऐसे बनाये हैं कि शब्दकोश की ज़रूरत न हो। उदाहरण के लिए, हिन्दी से हंगेरियन में या हंगेरियन से हिन्दी में अनुवाद करने के अभ्यास नहीं हैं। इनके स्थान पर दूसरी तरह के प्रयोग हैं : एक अभ्यास में एक हिन्दी पाठ दिया जाता है, फिर हंगेरियन में कुछ प्रश्न जिनके उत्तर भी हंगेरियन में देने हैं। एक दूसरे तरह के अभ्यास में हिन्दी पाठ का हंगेरियन में सार करना है, इसके विपरीत, हंगेरियन पाठ का हिन्दी में सार लिखना होता है। कुछ ऐसे अभ्यास भी हैं जहाँ एक

पाठ के कई शब्द निकाले गये हैं और बाद में अलग दिये गये हैं। परीक्षा देने वाले को इन शब्दों को रिक्त स्थानों में लिखना पड़ता है। संरचना के अभ्यास में एक निर्धारित विषय पर लेख (चिट्ठी, ई-मेल या निबंध) लिखना पड़ता है।

व्याकरण के संबंध में दो विशेष अभ्यास हैं। उनमें से एक ऐसा है कि कैसेट से एक वाक्य सुनने के बाद कागज पर दिये दो वाक्यों में से उसे चुनना है जिसका अर्थ उसका जैसा है। दूसरा वाक्य तो ग़लत होगा। एक दूसरे अभ्यास में दस वाक्यों के व्याकरणिक ढाँचे को कुछ दिये गये शब्दों की सहायता से ऐसे बदलना है कि वाक्य का अर्थ न बदले।

हिन्दी परीक्षा की अभ्यासमालाओं को तैयार करते समय हमको बनाने में सब से कठिन यह अंतिम अभ्यास लगा। कठिनाई यह थी कि हर एक वाक्य को अलग-अलग नियम के अनुसार बदलना है, और इस नियम को हम लिख नहीं सकते, हम मदद के तौर पर सिर्फ़ कुछ शब्दों को दे सकते हैं। परीक्षा देने वालों को भी हिन्दी व्याकरण की अच्छी-खासी जानकारी होनी चाहिए ताकि बिना आदेश के वाक्यों का रूपांतरण कर सकें।

पाठ से संबंधित अभ्यासों के पाठ हमने स्तर की कठिनाई के अनुसार बच्चों की किताबों से, अखबारों और पत्रिकाओं से या इंटरनेट से निकाले। इनमें से भी कई मुश्किल मालूम होते हैं, लेकिन परीक्षा देने वालों को केवल इनको संक्षेप में लिखना पड़ता है। माध्यमिक और उच्च स्तर की परीक्षा तक पहुँचने वालों से यही आशा की जाती है कि उनके पास किसी भी पाठ का सार बनाने के लिए जरूरी व्याकरण और शब्दावली की जानकारी हो।

राष्ट्रीय हिन्दी परीक्षा पास करने के बाद परीक्षा करने वाले को हिन्दी भाषा का प्रारंभिक, माध्यमिक या उच्च स्तर का प्रमाणपत्र प्राप्त होता है। यह प्रमाणपत्र दूसरी भाषाओं में प्राप्त हुए प्रमाणपत्रों की तरह कई जगह स्वीकार किया जाता है। आम तौर पर प्रमाणपत्र नौकरी की तलाश करने में मददगार हो सकते हैं। हमको आशा है कि हिन्दी के प्रमाणपत्र की सहायता से हिन्दी से संबंधित नौकरी भी मिल सकेगी। प्रश्न यह है कि हंगेरी की परिस्थितियों को सामने रखकर हिन्दी के संबंध में किस तरह के जाब मिल सकते हैं।

इस प्रश्न का उत्तर देना आसान नहीं। अब तक हमको हिन्दी के संबंध में जिस तरह के जाब मिले, वे आप्रवास (immigration) या न्यायालय के मामलों में या सांस्कृतिक कार्यक्रमों में अनुवाद करने के थे। जहाँ तक हमको मालूम है, हंगेरी यूरोपियन कम्यूनिटी का सदस्य बनने के बाद बिल्कुल संभव है कि आप्रवास-संबंधी मामलों की संख्या बढ़ती जाएगी, और इस वजह से अनुवाद करने वालों की भी ज़्यादा आवश्यकता होगी। भारत से संबंध और गहरे हो जाने के कारण सांस्कृतिक तथा पर्यटन और औपचारिकताओं के स्तर पर भी हिन्दी जानकारी का महत्त्व बढ़ता रहेगा।

हिन्दी गवेषणा

हिन्दी कालों की पारिभाषिक शब्दावली : एक झलक व एक प्रस्ताव

❑ सुनील कुमार

हिन्दी भाषा में कालों के नामों को लेकर वैयाकरणों के बीच में विभिन्न प्रकार के मतभेद रहे हैं। कालों की पारिभाषिक शब्दावली अलग-अलग वैयाकरणों ने अपने अनुसार बनाई है और उनमें आपस में तालमेल नहीं होने के कारण कई प्रकार की उलझनें पैदा हो गई हैं। इस आलेख में एक प्रकार का प्रयास किया गया है, जिसमें विभिन्न वैयाकरणों द्वारा प्रयोग में लाई गई शब्दावली पर एक दृष्टि डाली गई है और अन्त में एक प्रस्ताव दिया गया है, जिससे इस शब्दावली का एक मानक रूप (हिन्दी व अंग्रेज़ी में) उजागर हो सके। इस आलेख को दो भागों में बाँटा गया है, पहले भाग में कृदन्तों के लिए प्रयोग में लाई जानेवाली शब्दावली ली गई है तथा दूसरे भाग में कालों के लिए पारिभाषिक शब्दावली। यह शब्दावली कालों से संबंधित शोध-कार्य करनेवालों को एक सुदृढ़ आरंभिक मंच प्रदान कर सकती है।

हिन्दी कालों की पारिभाषिक शब्दावली को लेकर उलझन का सबसे बड़ा कारण यह है कि हिन्दी भाषा के व्याकरण के इतिहास के आरंभिक समय में पारिभाषिक शब्दावली का स्रोत अंग्रेज़ी भाषा रही है। अंग्रेज़ी भाषा की शब्दावली का अनुवाद करके ही हिन्दी में शब्दावली का निर्माण किया गया है। इस प्रक्रिया में उन शब्दों को भी हिन्दी शब्दावली में स्थान मिल गया है, जो अर्थपरक रूप में अनुचित हैं, जो उन कालों और कृदन्तों के वास्तविक अर्थ को प्रकट नहीं करते हैं।

इस आलेख में पहले केवल वे कृदन्त लिये जा रहे हैं जो यौगिक कालों के निर्माण में सहायक होते हैं। विभिन्न वैयाकरणों द्वारा इन कृदन्तों के लिए प्रयोग में लाई गई शब्दावली का विस्तृत विवरण दिया जा रहा है। कृदन्तों के पश्चात् कालों की शब्दावली का भी विवरण दिया जाएगा।

कृदन्त

हिन्दी भाषा में कालों के निर्माण में तीन आधारभूत कृदन्तों का प्रयोग होता है :

क. आता

ख. आया

ग. आ रहा

आरंभ में इन कृदन्तों को नाम (पारिभाषिक शब्द) नहीं दिया जाएगा, केवल *क., ख.* और *ग.* नामों से पुकारा जाएगा। केवल अन्त में ही सटीक ... देने का प्रयास किया जाएगा। *ग.* को कई भाषा वैज्ञानिकों ने कृदन्त नहीं माना है, केवल कालों के रूप लिये हैं जहाँ *ग.* का प्रयोग होता है।

कामता प्रसाद गुरु[1] के *'हिन्दी व्याकरण* (संवत् 2012)' में इन कृदन्तों में से केवल दो *क.* व *ख.* कृदन्तों को ही लिया गया है और उनको *वर्तमानकालिक* व *भूतकालिक कृदन्त* नामों से पुकारा गया है।

क. आता वर्तमानकालिक कृदन्त

ख. आया भूतकालिक कृदन्त

इन कृदन्तों को इन नामों से पुकारना उचित नहीं है क्योंकि ये कृदन्त वास्तव में कालों को निर्धारित करने में सक्षम नहीं हैं, ये न वर्तमानकालिक हो सकते हैं न ही भूतकालिक। कृदन्त केवल कालों के रूप निर्धारित कर सकते हैं। इन कृदन्तों की प्रकृति इनको विशेषण समान बनाती है, इसके कारण इनका संबंध कालों के निर्धारण से नहीं हो सकता, उसी प्रकार जैसे कोई विशेषण काल निर्धारित नहीं कर सकता।

गुरु जी ने अपनी शब्दावली में ये नाम अंग्रेज़ी के प्रभाव में आकर दिये हैं। अंग्रेज़ी में *ख.* कृदन्त को भूतकालिक कृदन्त (past participle) कहा जाता है, उसी के विरोधाभास में क. कृदन्त को गुरु जी ने वर्तमानकालिक कृदन्त कहा है। यह पहले भी कहा जा चुका है कि अंग्रेज़ी भाषा ही भाषा विज्ञान की शब्दावली का स्रोत रही है, संभव है कि इसी कारण से गुरु जी की शब्दावली में इन शब्दों का प्रयोग हुआ है।

भोलानाथ तिवारी[2] की *'हिन्दी भाषा (1973)'* में भी केवल *क.* और *ख.* कृदन्तों का ही उल्लेख किया गया है। *क.* कृदन्त को *अपूर्ण या वर्तमानकालिक कृदन्त* और *ख. कृदन्त* को *पूर्ण या भूतकालिक कृदन्त* कहा गया है। कृदन्तों की प्रकृति को देखकर कहा जा सकता है कि उनको अपूर्ण और पूर्ण कहना उचित होगा। ये नाम (पूर्ण और अपूर्ण) कालों से संबंध नहीं रखते, केवल कृदन्तों की प्रकृति

---

1. गुरु
2. तिवारी

दरशाते हैं। परन्तु तिवारी जी भी अंग्रेज़ी के प्रभाव से अछूते नहीं रहे, उस समय की प्रचलित शब्दावली का प्रयोग किया। शायद उस समय अंग्रेज़ी की परम्परा इतनी प्रभावशाली रही होगी कि उसको अनदेखा करना संभव न रहा हो। तिवारी जी ने उचित शब्दावली के साथ-साथ अनुचित शब्दावली का भी प्रयोग किया है।

क. आता अपूर्ण या वर्तमानकालिक कृदन्त

ख. आया पूर्ण या भूतकालिक कृदन्त

यहाँ यह कहना आवश्यक है कि तिवारी जी ने इन कृदन्तों की वास्तविक प्रकृति को पहचाना और उचित शब्दों के प्रयोग का प्रयास किया, परन्तु अंग्रेज़ी के प्रभाव के दबाव को नकार नहीं सके और साथ-साथ अनुचित शब्दावली का भी प्रयोग किया।

मार्गोत हेस्लिग[1] (Margot Häslig) ने अपनी हिन्दी व्याकरण (Grammatischer Leitfaden des Hindi, 1967) में *क., ख.* के साथ *ग.* कृदन्त का उल्लेख किया है। जर्मन भाषा में लिखे इस व्याकरण में शब्दावली जर्मन और हिन्दी में दी गई है। जर्मन में *क.* के लिए Imperfektive Partizip, *ख.* के लिए Perfektive Partizip और *ग.* के लिए Durative Partizip का प्रयोग किया गया है, जो बिलकुल उचित है, परन्तु हिन्दी शब्दावली वही ली गई है जो कामता प्रसाद गुरु द्वारा प्रस्तावित की गई है, जिसमें अंग्रेज़ी का अनुचित प्रभाव है। *ग.* कृदन्त के लिए हिन्दी का कोई शब्द नहीं दिया गया है।

क.	आता	Imperfektive Partizip	वर्तमानकालिक कृदन्त
ख.	आया	Perfektive Partizip	भूतकालिक कृदन्त
ग.	आ रहा	Durative Partizip	?

विंचेनत्स पोज़िज़्का[2] (Vencenc Pořízka) के *'हिन्दी भाषा का पाठ्यक्रम (HINDŠTINA HINDĪ Language course, 1972)'* उनके द्वारा *क.* और *ख.* कृदन्तों के लिए प्रयोग में लाई गई शब्दावली बहुत ही सटीक है। उन्होंने *ग.* कृदन्त का उल्लेख कृदन्त के रूप में नहीं किया है, परन्तु उन्होंने *ग.* कृदन्त द्वारा बने कालों के सभी रूपों की व्याख्या अवश्य ही की है।

क.	आता	Imperfective (participle I)	Nedokonavé (příčestí I)
ख.	आया	Perfective (Participle II)	Dokonavé (příčesti II)

हालाँकि अंग्रेज़ी में Imperfective व Perfective और चेक भाषा में Nedokonavé व Dokonavé स्लावी भाषाओं में ऐस्पेक्ट (aspect) के लिए प्रयोग में लाया जाता है, परन्तु इसका यह प्रयोग हिन्दी के लिए निस्सन्देह उचित है। इसके

1. Häslig
2. Pořízka

अतिरिक्त पोजि ज का इस पुस्तक के अन्त की शब्द सूची में इन कृदन्तों (*क.* और *ख*) को Participle I (příčesti I) और Participle II (příčesti II) नाम से पुकारा है। इस प्रकार उन्होंने किसी भी प्रकार के विवाद से दूर रहने का भी प्रयत्न किया है।

ज़ालमान मोवशेविच दिमशित्स[1] (Дымшиц З.М.) ने रूसी भाषा में लिखी अपनी हिन्दी व्याकरण (Граматика ? зыка Хииди1, 1986) में शब्दावली के विवाद से दूर रहकर कृदन्तों को नाम नहीं दिया है। उन्होंने शब्दावली केवल रूसी भाषा में दी है और *क.* और *ख.* कृदन्तों को संख्या द्वारा पहचान देकर पारिभाषिक शब्द का प्रयोग नहीं किया है। *क.* कृदन्त को цростое цричастие I (हिन्दी अनुवाद : सामान्य कृदन्त 1) और *ख.* कृदन्त को цростое цричастие) II (हिन्दी अनुवाद : सामान्य कृदन्त 2) कहा गया है। दिमशित्स ने *ग.* को भी कृदन्त के रूप में स्वीकार किया है और цродолженное цричастие (हिन्दी अनुवाद : निरन्तरताबोधक कृदन्त) का उचित नाम दिया है।

क.	आता	цростое цричастие I	सामान्य कृदन्त 1
ख.	आया	цростое цричастие II	सामान्य कृदन्त 2
ग.	आ रहा	цродолженное цричастие I	निरन्तरताबोधक कृदन्त

इस तरह की शब्दावली विशेषकर, सामान्य कृदन्त 1 तथा सामान्य कृदन्त 2, कृदन्तों की प्रकृति प्रकट करने में सक्षम नहीं है। परन्तु दूसरी ओर, इसका प्रयोग यह दरशाता है कि दिमशित्स को पारम्परिक शब्दावली के दोष का अनुमान रहा होगा, इसलिए वे इसका प्रयोग करने में हिचकिचाए होंगे।

अपने हिन्दी व्याकरण से पूर्व 1980 में दिमशित्स ने सहयोगियों, ओलेग ग्रेगोरिएविच उल्यत्सिफ़ेरोव (О. Г. Ульциферофф) व व्लादिमीर इवानोविच गोरयूनोव[2] (В. И. Горюнов), के साथ मिलकर हिन्दी पाठ्य पुस्तक (??????? ????? ?????, 1980) की रचना की थी। इस पाठ्य पुस्तक में भी शब्दावली केवल रूसी भाषा में ही है, और इसकी शब्दावली पर भी पारम्परिक शब्दावली का बड़ा प्रभाव है, जिसके कारण *क.* और *ख.* कृदन्तों को वर्तमानकालिक व भूतकालिक कहकर परिभाषित किया गया है। *ग.* कृदन्त को цродолженное цричастие (हिन्दी अनुवाद : निरन्तरताबोध कृदन्त) को उचित नाम से परिभाषित किया गया है।

क.	आता	цростое цричастие настояшего времени	सामान्य वर्तमानकालिक कृदन्त

1. Дымшиц
2. Дымшиц, Ульциферофф और Горюнов

ख. आया цростое цричастие црошедшего времени सामान्य भूतकालिक कृदन्त

ग. आ रहा цродолженное цричастие निरन्तरताबोधक कृदन्त

यह देखकर स्पष्ट होता है कि दिमशित्स ने पारम्परिक शब्दावली के दोषों को पहचाना और अपनी बाद की व्याकरण की पुस्तक में उन अनुचित शब्दों के प्रयोग को नकार दिया। परन्तु उन्होंने नई शब्दावली का कोई प्रस्ताव नहीं किया।

शैपिरो[1] (Michael C. Shapiro) की हिन्दी पाठ्य पुस्तक (A Primer of Modern Standard Hindi, 1989) में केवल *क.* तथा *ख.* कृदन्तों का उल्लेख है, जिनको Imperfective तथा Perfective नामों से पुकारा गया है। *ग.* कृदन्त का उल्लेख नहीं है परन्तु उसके द्वारा रचित कालों का उल्लेख किया गया है।

क. आता Imperfective

ख. आया Perfective

ज़ाग्रेब विश्वविद्यालय के भारत विज्ञान विभाग में कार्यरत ज़द्राव्का मातिशिच[2] (Zdravka Matišić) द्वारा लिखी हिन्दी व्याकरण (Elementi hindske gramatike, 1996) में आधारभूत शब्दावली हिन्दी और क्रोआती भाषा में दी गई है। *क.* तथा *ख.* कृदन्तों के नाम अपूर्ण व पूर्ण दिये गये हैं, जो भोलानाथ तिवारी द्वारा प्रस्तावित शब्दों में से हैं और बहुत ही सटीक हैं। *ग.* कृदन्त को भी लिया गया है और *तात्कालिक* नाम से पुकारा गया है, जो वास्तव में कृदन्त की प्रकृति को दरशाता है।

क.	आता	Negotovi particip	अपूर्ण कृदन्त
ख.	आया	Gotovi particip	पूर्ण कृदन्त
ग.	आ रहा	Tovermeni trajni particip	तात्कालिक कृदन्त

इस भाग के अन्त में इस आलेख में कृदन्तों की प्रकृति के आधार पर एक आधारभूत शब्दावली का प्रस्ताव दिया जा रहा है :

क. आता	अपूर्ण कृदन्त	Imperfective Participle
ख. आया	पूर्ण कृदन्त	Perfective Participle
ग. आ रहा	तात्कालिक/निरन्तरताबोधक कृदन्त	Continuous/Durative/ Progressive Participle

इन प्रस्तावित नामों से कालों के लिए प्रयोग में लाई जाने वाली शब्दावली के निर्माण में बहुत सहायता मिलेगी।

---

1. Shapiro
2. Matišić

काल

इस आलेख के दूसरे भाग में उपर्युक्त विद्वानों के द्वारा प्रस्तावित काल संरचना और कालों के नामों के लिए ली गई शब्दावली पर दृष्टि डाली जाएगी। पहले भाग में कृदन्तों के नामों की शब्दावली प्रस्तावित की गई है और उसी प्रस्तावित शब्दावली के प्रयोग से कालों के लिए भी उपयुक्त शब्दावली की रचना की जा सकती है।

यौगिक कालों (Analytic tenses) की रचना कृदन्तों और सहायक क्रिया 'होना' के द्वारा की जाती है। कृदन्त कालों के रूप को निश्चित करते हैं और सहायक क्रिया कालों को निर्धारित करती है। मूल या अयौगिक कालों (Sythetic tenses) कालों से अनिश्चित कालों (Indefinite tenses) की रचना की जाती है।

	अनिश्चित **Indefinite**	अपूर्ण **Imperfective**	पूर्ण **Perfective**	तात्कालिक **Continuous**
वर्त्तमानकाल **Present**	वह है।*	वह आता है।	वह आया है।	वह आ रहा है।
भूतकाल **Past**	वह था।*	वह आता था।	वह आया था।	वह आ रहा था।
ऐतिहासिक काल **Historic**	↑	वह आता।	वह आया।	
भविष्यत् काल **Future**	वह होगा/ आएगा।	वह आता होगा।	वह आया होता।	वह आ रहा होगा।
संदेहार्थ **Presumptive**	वह होगा।*	वह आता होगा।	वह आया होगा।	वह आ रहा होगा।
संभावनार्थ **Subjunctive**	वह हो/आए	वह आता हो।	वह आया हो।	वह आ रहा हो।
संकेतार्थ **Conditional**	वह होता/ आता।	वह आता होता।	वह आया होता।	वह आ रहा होता।

* केवल 'होना' क्रिया ही इन कालों की रचना कर सकती है, दूसरी क्रियाओं द्वारा इन कालों की रचना नहीं होती है।

ऐतिहासिक काल भी भूतकाल होते हैं तीर का चिन्ह इसीलिए ऐतिहासिक काल से भूतकाल की ओर है। भविष्यत् कालों को सन्देहार्थ से अलग रखा गया है क्योंकि उनके अलग अर्थ होते हैं हालाँकि रूप एक ही होते हैं।

उपर्युक्त तालिका में काल संरचना का एक ढाँचा दिया गया है और इस काल संरचना के अनुसार ही विद्वानों द्वारा प्रयोग में लाई गई शब्दावली का विश्लेषण किया जाएगा।

कामता प्रसाद गुरु द्वारा उल्लेखित कालों को प्रस्तावित ढाँचे में इस प्रकार रखा

जा सकता है।

	अनिश्चित Indefinite	अपूर्ण Imperfective	पूर्ण Perfective	तात्कालिक Continuous
वर्त्तमानकाल Present	सामान्य वर्तमान काल*	सामान्य वर्तमान काल	आसन्न भूतकाल (पूर्ण वर्तमानकाल)	
भूतकाल Past	सामान्य भूत-काल*	अपूर्ण भूतकाल	पूर्ण भूतकाल	
ऐतिहासिक काल Historic			सामान्य भूतकाल	
भविष्यत् काल Future	सामान्य भवि-ष्यत् काल			
संदेहार्थ Presumptive		संदिग्ध वर्तमानकाल	संदिग्ध भूतकाल	
संभावनार्थ Subjunctive	संभाव्य भवि-ष्यत् काल	संभाव्य वर्तमान काल	संभाव्य भूतकाल	
संकेतार्थ Conditional	सामान्य संके-तार्थ काल	अपूर्ण संकेतार्थ काल	पूर्ण संकेतार्थ काल	

* इन कालों को अलग से नहीं दिया गया है, हालांकि ये अनिश्चित काल हैं परन्तु वर्तमान काल में इसको अपूर्ण वर्तमानकाल से और भूतकाल में ऐतिहासिक पूर्ण भूतकाल से एकरूप करके समान बना दिया गया है।

कामता प्रसाद गुरु द्वारा तात्कालिक कृदन्त का उल्लेख नहीं हुआ है इसलिए काल संरचना में तात्कालिक कालों की उपस्थिति नहीं है। हालांकि वर्तमान और भूतकाल में एक स्थान पर तात्कालिक कालों का उल्लेख हुआ है, परन्तु उनको *अपूर्ण* नाम से पुकारा गया है तथा वास्तविक अपूर्ण कालों से अलग नहीं किया गया है। भविष्यत् काल में केवल अनिश्चित भविष्यत् काल दिया गया है, अन्य भविष्यत् कालों का केवल संदेहार्थ के रूप में उल्लेख है। अपूर्ण को वर्तमानकाल और पूर्ण को भूतकाल से संबोधित किया गया है।

भोलानाथ तिवारी द्वारा उल्लेखित कालों को प्रस्तावित ढाँचे में इस प्रकार रखा जा सकता है।

	अनिश्चित Indefinite	अपूर्ण Imperfective	पूर्ण Perfective	तात्कालिक Continuous
वर्त्तमानकाल Present	सहायक क्रिया वर्तमान काल	वर्तमान अपूर्ण निश्चयार्थ	वर्तमान पूर्ण निश्चयार्थ	
भूतकाल Past	सहायक क्रिया भूतकाल	भूत अपूर्ण निश्चयार्थ	भूत पूर्ण निश्चयार्थ	

ऐतिहासिक काल **Historic**			भूत निश्चयार्थ	
भविष्यत् काल Future	सहायक क्रिया भविष्यकाल भविष्यत निश्चयार्थ	भविष्य अपूर्ण निश्चयार्थ या आनुमानिक वर्तमान काल	भविष्य पूर्ण निश्चयार्थ अथवा आनुमानिक भूत या वर्तमान	
संदेहार्थ Presumptive				
संभावनार्थ Subjunctive	वर्तमान अथवा भविष्य संभावनार्थ	वर्तमान अपूर्ण संभावनार्थ	वर्तमान अथवा भूत पूर्ण संभावनार्थ	
संकेतार्थ Conditional	भूत संभावनार्थ	भूत अपूर्ण संभावनार्थ	भूत पूर्ण संभावनार्थ	

कामता प्रसाद गुरु के समान इस ढाँचे में तात्कालिक कालों का वर्णन नहीं है क्योंकि तिवारी जी ने भी तात्कालिक कृदन्त को अपने व्याकरण में स्थान नहीं दिया है। अपूर्ण व पूर्ण तथा वर्तमान व भूत में सुसंगति नहीं मालूम पड़ती। दूसरी ओर, उन्होंने अनिश्चित वर्तमानकाल और भूतकाल को पहचाना है और उनको अलग करने का सफल प्रयत्न किया है। उन्होंने उनको सहायक क्रिया वर्तमानकाल तथा सहायक क्रिया भूतकाल मानकर अन्य वर्तमान व भूतकालों से भिन्न किया है। अपूर्ण व पूर्ण भविष्यत् काल व संदेहार्थ को एकरूप तो अवश्य किया गया है परन्तु दो भिन्न नाम (भविष्य अपूर्ण निश्चयार्थ या आनुमानिक वर्तमान काल तथा भविष्य पूर्ण निश्चयार्थ अथवा आनुमानिक भूत या वर्तमान) देकर अर्थपरक भिन्नता को दृष्टिगत कराने का प्रयास किया गया है।

हेस्लिग मार्गोत के कालों का रूप हमारे ढांचे में इस प्रकार होगा :

	अनिश्चित Indefinite	**अपूर्ण Imperfective**	**पूर्ण Perfective**	**तात्कालिक Continuous**
वर्त्तमानकाल Present	Generalle Präsens सामान्य वर्तमान काल ⟷	Generalle Präsens सामान्य वर्तमान काल	Perfekt आसन्न भूतकाल या पूर्ण वर्तमान काल	Durative Präsens तात्कालिक अपूर्ण वर्तमान काल
भूतकाल Past	Generalle Imperfekt ⟷	Generalle अपूर्ण भूतकाल	Plusquamperfekt पूर्ण भूतकाल	Durative Imperfekt तात्कालिक अपूर्ण भूतकाल

ऐतिहासिक काल Historic			Präteritum सामान्य भूतकाल	
भविष्यत् काल Future	Future I* सामान्य भविष्यकाल	FutureII* संदिग्ध वर्त्तमान काल ↕	Fute III संदिग्ध भूतकाल ↕	?
संदेहार्थ Presumptive	**			?
संभावनार्थ Subjunctive	Konjunktiv I संभाव्य भविष्यत्काल	Konjunktiv II संभाव्य वर्तमानकाल	Konjunktiv III संभाव्य भूतकाल	Durative Konjunktiv हिन्दी?
संकेतार्थ Conditional	Konditional I संकेतार्थ सामान्य	Konditional II अपूर्ण संकेतार्थ	Konditional III पूर्ण संकेतार्थ	Durative Konditional हिन्दी?

* केवल संदेहार्थ के रूप में ही इसकी व्याख्या की गई है।

** इसका अर्थ अलग से समझाया गया है।

हेस्लिग मार्गोत द्वारा शब्दावली हिन्दी और जर्मन भाषा में दी गई है, परन्तु कहीं-कहीं केवल जर्मन में ही नामों (Durative Konjunktiv और Durative Konditional) का प्रयोग हुआ है। जर्मन भाषा के अनुसार शब्दावली एक सीमा तक उचित है और कहीं-कहीं संख्यात्मक नाम (Konjunktiv I, II, III आदि) देकर शब्दावली की जटिलता को सुलझाने की कोशिश की गई है। इस शब्दावली में अनिश्चित वर्तमान काल व अपूर्ण वर्तमान काल को समान माना गया है और सामान्य वर्तमान काल (Generalle Präsense) नाम दिया गया है, जो वास्तव में उचित चित्र नहीं प्रस्तुत करता। यही दोष भूतकाल में भी दोहराया गया है जहाँ अनिश्चित भूतकाल व अपूर्ण भूतकाल को समान माना गया है और अपूर्ण भूतकाल (Generalle Imperfekt) नाम दिया गया है।

अपूर्ण-पूर्ण तथा वर्तमानकाल-भूतकाल की दुविधा के कारण कई स्थानों पर हिन्दी शब्दावली में समन्वय नहीं है, उदाहरण के लिए *पूर्ण संकेतार्थ* (वह आया होता), परन्तु *संभाव्य भूतकाल* (वह आया हो) आदि। तात्कालिक कालों को तात्कालिक और अपूर्ण दोनों विशेषणों द्वारा सम्बोधित किया गया है। तात्कालिक भविष्यत्काल व तात्कालिक संदेहार्थ का उल्लेख नहीं किया गया है। भविष्यत्काल और संदेहार्थ (अपूर्ण व पूर्ण) का एक ही रूप लिया गया है, परन्तु उनकी विभिन्न वृत्तियों का उल्लेख किया गया है।

विंचेनत्स पोज़िज़्का द्वारा दी गई काल संरचना को प्रस्तावित ढांचे में इस प्रकार रखा जा सकता है। विंचेनत्स पोज़िज़्का ने शब्दावली अंग्रेज़ी और चेक भाषा में दी है।

यहाँ चेक के स्थान पर हिन्दी में शब्दावली के अनुवाद का प्रयास किया गया है।

	अनिश्चित **Indefinite**	अपूर्ण **Imperfective**	पूर्ण **Perfective**	तात्कालिक **Continuous**
वर्त्तमानकाल **Present**	Simple Present Tense (होना) सामान्य वर्तमान काल	Present Imperfect Tense अपूर्ण वर्तमान काल	Present Perfect Tense पूर्ण वर्तमानकाल	*
भूतकाल **Past**	Preterite I (होना) सामान्य भूत काल I	Past Imperfect Tense अपूर्ण भूतकाल	Past Perfect Tense पूर्ण भूतकाल	*
ऐतिहासिक काल **Historic**		Historic or Narrative Imperfect Tense अपूर्ण ऐतिहासिक काल	Historic or Narrative Perfect Tense (Preterite II) पूर्ण ऐतिहासिक काल (सामान्य भूतकाल II)	
भविष्यत् काल **Future**	First Future Tense भविष्यत काल I	Second Imperfect Future Tense भविष्यत काल II (अपूर्ण) ↓	Third or Perfect Future Tense भविष्यत काल III (पूर्ण) ↓	*
संदेहार्थ **Presumptive**				
संभावनार्थ **Subjunctive**	First of Simple Subjunctive संभावनार्थ I (सामान्य)	Second or Imperfect Sub. संभावनार्थ II (अपूर्ण)	Third or Imperfect Sub. संभावना III संभावनार्थ III (पूर्ण)	*
संकेतार्थ **Conditional**	First or Simple Conditional संकेतार्थ I (सामान्य)	Second or Imperfect Conditional संकेतार्थ II (अपूर्ण)	Third or Perfect Conditional संकेतार्थ III (पूर्ण)	*

* केवल रूप दिये गये हैं काल नहीं।

इनकी शब्दावली में नामों का चयन बहुत ही ध्यानपूर्वक किया गया है। पूर्ण, अपूर्ण व अनिश्चित कालों के बीच में सुसंगत समन्वय है। पारिभाषिक शब्दों के

साथ-साथ संख्यात्मक रूप (I, II व III) देकर भी समन्वय बैठाया गया है। भविष्यत् काल II (अपूर्ण) व भविष्यत् काल III (पूर्ण) के संदेहार्थ अर्थ को भी समझाया गया है परन्तु उनको अलग स्थान नहीं दिया गया है। पूर्ण ऐतिहासिक काल और सामान्य भूतकाल की समान प्रकृति को ध्यान में रखा है, इसके कारण ऐतिहासिक पूर्ण काल को सामान्य भूतकाल II कहकर भी पुकारा गया है। पोज़िज़्का के व्याकरण में तात्कालिक कालों से सब रूप दिये गये हैं परन्तु उनको कालों के रूप में नहीं प्रस्तुत किया गया है। इस तालिका की एक विशेष बात यह है कि इसमें पहली बार अपूर्ण ऐतिहासिक काल का उल्लेख हुआ है। कामता प्रसाद गुरु, भोलानाथ तिवारी एवं हेस्लिग मार्गोत की काल संरचना में इस काल का उल्लेख नहीं मिलता।

ज़ालमान मोवशेविच दिमशित्स, ओलेग ग्रेगोरिएविच उल्यत्सिफ़ेरोव व व्लादिमीर इवानोविच गोरयूनोव ने साथ मिलकर अपनी हिन्दी पाठ्यपुस्तक (1980) में जिस आधारभूत शब्दावली का प्रयोग किया है, लगभग उसी शब्दावली का प्रयोग दिमशित्स ने अपने व्याकरण (1986) में किया है, केवल कृदन्तों के नामों में अन्तर है जि..का उल्लेख पहले किया जा चुका है। इस आलेख में केवल दिमशित्स के व्याकरण की शब्दावली का विवरण दिया जाएगा। यह शब्दावली केवल रूसी भाषा में दी गई है। शब्दावली का हिन्दी अनुवाद हमारे द्वारा किया गया है।

	अनिश्चित Indefinite	अपूर्ण Imperfective	पूर्ण Perfective	तात्कालिक Continuous
वर्तमानकाल Present	*1	Ностояшее обшее время सामान्य वर्तमान काल	Ностояшее совешеноое (церфект पूर्ण वर्तमानकाल	Ностояшее цродолженное время तात्कालिक वर्तमान काल
भूतकाल Past	*2	Црошедшее несовершенное время अपूर्ण भूतकाल	Цредцошедшее время पूर्व भूतकाल	Црошедшее цродолженное времея तात्कालिक भूतकाल
ऐतिहासिक काल Historic			Црошедшее совершенное время पूर्ण भूतकाल	

भविष्यत् काल **Future**	БудушееI время भविष्यकाल I	Будушее II время भविष्यकाल II ↓	Будшее III время भविष्यकाल III ↓	Будушее цродолженное время तात्कालिक भविष्यकाल ↓
संदेहार्थ **Presumptive**				
संभावनार्थ **Subjunctive**	*3	сложеная несовершенная форма сослагате льного ноклонения संभावनार्थ का अपूर्ण यौगिक रूप	сложеная совершенная форма сослагател ъного ноклрнения संभावनार्थ का पूर्ण यौगिक रूप	сложеная цродолжен ная форма сослагател ьного ноклонения संभावनार्थ का तात्कालिक यौगिक रूप
संकेतार्थ **Conditional**	*4	сложеная несовершенная форма условного ноклонения संकेतार्थ का अपूर्ण रूप	сложеная совершенная форма условного ноклонения संकेतार्थ का पूर्ण रूप	сложеная цродолженная форма условного ноклонения संकेतार्थ का तात्का-लिक यौगिक रूप

* केवल रूप दिए गए हैं। काल नहीं माना गया है, और निम्नलिखित शब्दों से वर्णित किया गया है।

*1 Цросvтая форма ностояшего времени глагола "honā 'होना' क्रिया का वर्तमानकालिक सामान्य रूप

*2 Цростая форма црошедшего времени глгаола "honā" 'होना' क्रिया का भूतकालिक सामान्य रूप।

*3 Цростая форма сослагатеьного ноклонения "honā" संभावनार्थ का सामान्य रूप

*4 Цростая форма условного ноклонения संकेतार्थ का सामान्य रूप

दिमशित्स की शब्दावली बहुत ही विवरणात्मक है और साथ ही सटीक भी है। सब पूर्ण कालों (Perfective) के लिए उपयुक्त 'पूर्ण' शब्द का प्रयोग किया गया है, केवल पूर्ण भूतकाल को 'पूर्व भूतकाल' नाम दिया गया है। भविष्यतकाल और संदेहार्थ को मिलाकर एक ही किया गया है और संख्यात्मक नाम (Будшее I время, Будушее II время आदि) देकर परिभाषित नहीं किया गया है।

तात्कालिक कालों को काल माना गया है, जिसकी कमी पोज़िज़्का की काल संरचना में प्रतीत होती है, हालांकि पोज़िज़्का द्वारा सब रूप दिये गये हैं। अनिश्चित कालों को काल नहीं माना गया है परन्तु वर्णित अवश्य किया गया है।

इन कालों के अतिरिक्त दिमशित्स के काल रूपों में कुछ काल और भी हैं

1. Ностояшее обьчное время साधारण वर्तमान काल वह लिखता होता है।
2. Ностояшее цродолженное обычное время साधारण निरन्तरताबोधक वर्तमानकाल वह लिखता रहा होता है।
3. Црошедшее несовершенное обычное время साधारण भूतकाल वह लिखता होता था।
4. Црошедшее цродолженное обычное время साधारण निरन्तरताबोधक भूतकाल वह लिख रहा होता था।

इस तरह का वाक्य विन्यास या वाक्य रचना व्याकरण के अनुसार शुद्ध है, परन्तु मानक हिन्दी में इस तरह की रचना को कालों का रूप नहीं माना गया है। इसी तर्क के अनुसार दो प्रकार की और वाक्य रचनाएँ हो सकती हैं :

5. उसने लिखा होता है।
6. उसने लिखा होता था।

इस तरह की रचनाओं को हेल्मुत नेस्पिताल[1] ने कालों से अलग रखा है और प्रायिक (habitual) विशेषण से संबोधित करके इस तरह के पारिभाषिक नाम दिये हैं :

1. आता होता है	प्रायिक वर्तमानकाल	habitual present
2. आ रहा होता है	प्रायिक वास्तविक वर्तमान काल	habitual actual present
3. आता होता था	प्रायिक भूतकाल	habitual imperfect
4. आया होता है	प्रायिक पूर्ण वर्तमानकाल	habitual present perfect

नेस्पिताल के अनुसार यहाँ क्रिया के अर्थ का दोहराव नहीं, बल्कि काल के अर्थ का दोहराव होता है। वे कहते हैं कि इस तरह की रचनाओं की विशेषता यह है कि यहाँ काल की नियमित या प्रायिक पुनरावृत्ति होती है।

शैपिरो ने अपनी काल संरचना का बहुत ही सुव्यवस्थित तरीके से गठन किया है। उन्होंने अनिश्चित कालों को ऐस्पेक्ट के बिना (Non-Aspectual) माना है और अपूर्ण, पूर्ण और तात्कालिक कालों को ऐस्पेक्ट सहित (Aspectual) मानकर

1. Nespital

अंग्रेज़ी में इस तरह नाम दिये हैं :

अपूर्ण Habitual (प्रायिक)

पूर्ण Perfective (पूर्ण)

तात्कालिक Progressive (सप्रवाह/तात्कालिक)

उनके दिये हुए काल प्रस्तावित ढांचे में इस प्रकार हैं :

	अनिश्चित **Indefinite**	अपूर्ण **Imperfective**	पूर्ण **Perfective**	तात्कालिक **Continuous**
वर्त्तमानकाल **Present**	*1	Present-Habitual प्रायिक वर्तमानकाल	Present Perfective पूर्ण वर्तमानकाल	Present Progressive तात्कालिक वर्तमान काल
भूतकाल **Past**	*2	Past-Habitual प्रायिक भूतकाल	Past Perfective पूर्ण भूतकाल	Past Progres sive तात्कालिक भूत काल
ऐतिहासिक काल **Historic**			Simple-Perfecive सामान्य पूर्ण काल	
भविष्यत् काल **Future**	Future भविष्यत्काल			
संदेहार्थ **Presumptive**	*3	Presumptive Habitual प्रायिक संदेहार्थ	Presumptive Perfective पूर्ण संदेहार्थ	Presumptive Progressive तात्कालिक संदेहार्थ
संभावनार्थ **Subjunctive**	Root Subju nctive मूल संभावनार्थ	Subjunctive Habitual प्रायिक संभावनार्थ	Subjunctive Perfective पूर्ण संभावनार्थ	Subjunctive Progressive तात्कालिक संभावनार्थ
संकेतार्थ **Conditional**	*4			

* इन कालों के रूप दिये गये हैं परन्तु काल संरचना में नहीं रखा गया है।

*1 Present forms of होना honā 'होना' क्रिया का वर्तमानकालिक रूप

*2 Past forms of होना honā (होना) क्रिया का भूतकालिक रूप

*3 Presumptive forms of होना honā (होना) क्रिया का संभावनार्थ रूप

*4 एक विशेष प्रकार के वाक्यों को संकेतार्थ माना गया है, हालाँकि वास्तविक संकेतार्थ को भी लिया गया है, परन्तु उनको काल संरचना में नहीं रखा गया है, केवल वाक्यों द्वारा उनका उल्लेख

किया गया है। अंग्रेजी में उन संकेतार्थ वाक्यों को इस तरह समझाया गया है : Contrary to the Fact Conditional Sentences (संकेतार्थ वाक्य, जो तथ्य का विरोध करते हों) अनिश्चित, अपूर्ण, पूर्ण व तात्कालिक सब प्रकार के वाक्यों को लिया गया है।

भविष्यतकाल केवल अनिश्चित काल को ही माना गया है और बाकियों को केवल सन्देहार्थ के रूप में ही लिया गया है। ऐतिहासिक पूर्ण काल को Simple-Perfective (सामान्य पूर्ण काल) नाम दिया गया है क्योंकि वह पूर्ण कृदन्त से बनता है। इस ढाँचे में सबसे उपयोगी बात यह है कि इसमें ऐसपेक्टों (Aspects) की परिभाषाएँ देकर समझाया गया है और ढाँचे को संपूर्ण बनाने की कोशिश की गई है।

ज़्राव्का मातिशिच द्वारा दिये गये काल बहुत ही सही व सुसंगति से बनाये गये हैं और ये काल इस प्रकार प्रस्तावित ढाँचे में रखे जा सकते हैं :

	अनिश्चित **Indefinite**	अपूर्ण **Imperfective**	पूर्ण **Perfective**	तात्कालिक **Continuous**
वर्तमान **Present**	Nesloženo sadašnje vrijeme (होना) सामान्य वर्तमान काल	Gotovo sadašnje vrijeme अपूर्ण वर्तमानकाल	Gotovo sadašnje vrijeme पूर्ण वर्तमानकाल	Trajno sadašnje vrijeme तात्कालिक वर्तमानकाल
भूतकाल **Past**	Nesloženo prošlo vrijeme (होना) सामान्य भूतकाल	Negotovo prošlo vrijeme अपूर्ण भूतकाल	Trajno prošlo vrijeme पूर्ण भूतकाल	Trajno Prošlo vrijeme तात्कालिक भूतकाल
ऐतिहासिककाल **Historic**		Negotovo pripovjedno vrijeme अपूर्ण ऐतिहासिक काल	Gotovo pripovjendo vrijeme पूर्ण ऐतिहासिक काल	
भविष्यत्काल **Future**	Nesloženo buduće vrijeme सामान्य भविष्यत्काल			
संदेहार्थ **Presumptive**		Negotovi prezumptiv अपूर्ण संदेहार्थ	Gotovi prezumptiv पूर्ण संदेहार्थ	Trajni prezumptiv तात्कालिक संदेहार्थ
संभावनार्थ **Subjunctive**	Nesloženi konjunktiv सामान्य संभावनार्थ	Negotovi konjunktiv अपूर्ण संभावनार्थ	Gotovi konjunktiv पूर्ण संभावनार्थ	Trajni konjunktiv तात्कालिक संभावनार्थ
संकेतार्थ **Conditional**	Nesloženi kondicional सामान्र्य संकेतार्थ	Negotovi kondicional अपूर्ण संकेतार्थ	Gotovi kondicional पूर्ण संकेतार्थ	Trajni kondicional तात्कालिक संकेतार्थ

पोज़िज़्का का अनुसरण करते हुए मातिशिच ने भी अपूर्ण ऐतिहासिक काल को अपनी काल संरचना में जगह दी है और उनकी प्रकृति को भी समझाया गया है कि इन कालों में अपूर्णता व पूर्णता पूरी तरह से नहीं होती, बल्कि अपूर्णता कार्य की बारंबारता और पूर्णता एकबारता में परिवर्तित हो जाती है। भविष्यत्काल और संदेहार्थ को अलग तो अवश्य किया गया है परन्तु अपूर्ण, पूर्ण व तात्कालिक भविष्यत्काल को केवल संदेहार्थ के रूप में ही लिया गया है, इसी तरह अनिश्चित संदेहार्थ का भी विवरण व्याकरण में नहीं मिलता।

अन्त में इस आलेख में एक शब्दावली प्रस्तुत की जा रही है, जिसमें सब कालों की अर्थपरक (Semantic) प्रकृति के साथ-साथ काल संरचना के ढाँचे में रूपपरक (Morphological) स्थान का भी ध्यान रखा जाएगा। यह शब्दावली हिन्दी और अंग्रेज़ी दोनों भाषाओं में दी जा रही है ताकि दूसरी भाषाओं में भी समान प्रकार की शब्दावली द्वारा एक सम्पूर्ण तालिका तैयार की जा सके। इस शब्दावली को कालों की तालिका में इस प्रकार रखा जा सकता है :

	अनिश्चित **Indefinite**	**अपूर्ण** **Imperfective**	**पूर्ण** **Perfective**	**तात्कालिक** **Continuous**
वर्तमान **Present**	सामान्य या अनिश्चित वर्तमान काल (होना) Present Indefinite or Simple Present	अपूर्ण वर्तमानकाल Present Imperfect or Imperfective Present	पूर्ण वर्तमाल काल Present Perfect or Perfective Present	तात्कालिक वर्तमानकाल Present Continuous or Durative Present
भूतकाल **Past**	सामान्य या अनिश्चित भूतकाल (होना) Past Indifinite or Simple Past	अपूर्ण भूतकाल Past Imperfect or Imperfective Past	पूर्ण भूतकाल Past Perfect or Perfective Past	तात्कालिक भूतकाल Past Continuous or Durative Past
ऐतिहासिककाल **Historic**		अपूर्ण ऐतिहासिक काल Narrative Imperfectice Past Tense	पूर्ण ऐतिहासिक काल या सामान्य भूतकाल Narrative Perfec tive Past Tense or Simple Past	
भविष्यत्काल **Future**	सामान्य या अनिश्चित भविष्यत्काल Future Indefinite or Simple Future	अपूर्ण भविष्यत्काल Future Imperfect or Imperfective Future	पूर्ण भविष्यत्काल Future Perfect or Imperfective Future	सामान्य भविष्यत्काल Future Continuous or Durative Future

संदेहार्थ **Presumptive**	सामान्य या अनिश्चित संदेहार्थ (होना) Presumptive Indefinite or Simple Persumptive	अपूर्ण संदेहार्थ Presumptive Imperfect or Imperfect Presumptive	पूर्ण संदेहार्थ Presumptive Perfect or Perfective Presumptive	तात्कालिक संदेहार्थ Presumptive Continuous or Durative Presumptive
संभावनार्थ **Subjunctive**	सामान्य या अनिश्चित संभावनार्थ Subjunctive Indefinite or Simple Subjunctive	अपूर्ण संभावनार्थ Subjunctive Imperfect or Imperfective Subjunctive	पूर्ण संभावनार्थ Subjunctive Perfect or Perfective Subjunctive	तात्कालिक संभावनार्थ Subjunctive Continuous or Durative Subjunctive
संकेतार्थ **Conditional**	सामान्य या अनिश्चित संकेतार्थ Conditional Indefinite or Simple Conditional	अपूर्ण संकेतार्थ Conditional Imperfect or Imperfective Conditional	पूर्ण संकेतार्थ Conditional Perfect or Perfective Conditional	तात्कालिक संकेतार्थ Conditional Continuous or Durative Conditional

इस तालिका में सब संभव कालों का वर्णन किया गया है। इसकी विशेषता यह है कि शब्दों में अर्थात नामों में सुसंगति बनाकर रखी गई है, जैसे, पहले स्तंभ में केवल अनिश्चित काल हैं इसलिए शब्दावली में 'अनिश्चित' शब्द का प्रयोग करके सब कालों को सुसंगत में रखा है और इसी तरह अपूर्ण, पूर्ण व तात्कालिक।

भिन्न-भिन्न अर्थ होने के कारण भविष्यत्काल और संदेहार्थ को अलग-अलग रखा गया है, हालांकि उनके रूप एक ही हैं। अनिश्चित संदेहार्थ केवल 'होना' क्रिया द्वारा ही बनाया जाता है इसलिए उसको अनिश्चित वर्तमानकाल व भूतकाल की तरह अलग से भी बताया गया है। जिस प्रकार 'होना' के अतिरिक्त दूसरी क्रियाओं द्वारा अनिश्चित वर्तमानकाल व अनिश्चित भूतकाल की रचना नहीं होती, उसी प्रकार "होना" के अतिरिक्त दूसरी क्रियाओं द्वारा अनिश्चित संदेहार्थ की रचना भी नहीं होती है। उदाहरण के लिए "माँ कमरे में होगी" इस वाक्य के दो अर्थ हैं; भविष्यत्काल और संदेहार्थ

—माँ कहाँ है? कमरे में होगी। (संदेहार्थ)

—पाँच बजे जब घर आऊँगा तो माँ कमरे में होगी। (भविष्यत्काल)

दूसरी ओर, वाक्य "माँ आएगी" का केवल एक ही अर्थ है, जो भविष्यत्काल दरशाता है। इन तथ्यों के आधार पर कहा जा सकता है कि अनिश्चित संदेहार्थ केवल 'होना' क्रिया द्वारा ही बनाया जा सकता है।

अपूर्ण भविष्यत्काल लगभग सभी स्थितियों में केवल संदेहार्थ के रूप में आता है। अपनी प्रकृति के अनुसार अपूर्ण भविष्यत्काल को उस क्रिया को दरशाना चाहिए जो भविष्य में प्रायिक व नित्य रूप से होती है। चूंकि भविष्यत्काल लगभग हमेशा संदेहार्थ के रूप में आता है इसलिए भविष्य में प्रायिक व नित्य रूप होने वाली क्रिया, एक प्रकार की संयुक्त क्रिया प्रायिकता सूचक क्रियाएँ—Frequentative, जैसे 'आया करना' द्वारा व्यक्त की जा सकती है, उदाहरण के लिए —*अगले साल से मैं हर महीने आपके पास आया करूँगा*। अपूर्ण भविष्यत्काल केवल संदेहार्थ दे सकता है।

अपूर्ण ऐतिहासिक काल को तीर के चिह्न से, जो अपूर्ण भूतकाल की ओर जाता है, प्रेषित किया गया है। अपूर्ण ऐतिहासिक काल अपने अर्थ में अपूर्ण भूतकाल से बिल्कुल भी भिन्न नहीं है, केवल रूप में थोड़ा सा भिन्न है। शायद इसीलिए कई विद्वानों ने इसका उल्लेख भी नहीं किया है। अपने अर्थों में ये दोनों काल भिन्न नहीं हैं परन्तु शैली के अनुसार उनमें अन्तर होता है। अपूर्ण ऐतिहासिक काल शैलीगत पाठों में लेखकों द्वारा प्रयोग में लाया जाता है।

पूर्ण ऐतिहासिक काल एक विशेष स्थान पर है क्योंकि उसकी रचना पूर्ण कृदन्त से होती है परन्तु वह पूर्ण काल नहीं है। सहायक क्रिया न होने के कारण इस काल में पूर्ण कृदन्त की पूर्णता निष्प्रभाव (neutralize) हो जाती है इसलिए काल पूर्णता से मुक्त होकर और अनिश्चित हो जाता है। अपने पूर्णता मुक्त अर्थ में अनिश्चित भूतकाल दरशाता है। रूप के अनुसार इसीलिए पूर्ण ऐतिहासिक काल को पूर्णता वाले स्तंभ में रखा गया है परन्तु अर्थ की दृष्टि से तीर के चिह्न से उसको अनिश्चित भूतकाल की ओर प्रेषित कर दिया गया है। पारिभाषिक शब्दावली के अनुसार इस काल को सामान्य भूतकाल (Preterite) भी कहा जा सकता है।

यहाँ प्रश्न केवल शब्दावली का ही नहीं, बल्कि हिन्दी कालों के वर्गीकरण का भी है। सटीक शब्दावली द्वारा वर्गीकरण भी सरल हो जाता है और बड़ी ही सरलता से तालिका में सुव्यवस्थित तरीके से रखा जा सकता है। इस प्रस्तावित तालिका में सब पंक्तियों व सभी स्तंभों के स्थान भरे हुए हैं, जो कालों की तालिका को पूर्ण बनाते हैं।

There have been tremendous differences of opinion among scholars in defining terminology for Hindi Participles and Tenses. Different grammarians have used different terms and because of lack of harmony in the terminology, a chaotic situation has emerged. In this paper there is an attempt to survey the terminology used by different scholars and finally, present a reliable and stable terminology in Hindi and in English with all the tenses and moods in a systematic table, which could possibly be accepted as standard. The paper has been divided into two parts. In first part, the termonilogy used for the tense making participles has been taken and in second part the tenses themselves. The proposed terminology will offer a stable platform for those, who want to work in the field of Hindi verbs.

गुरु, कामता प्रसाद; हिन्दी व्याकरण, नागरीप्रचारिणी सभा, वाराणसी, संवत् 2012.

तिवारी, भोलानाथ; हिन्दी भाषा, किताब महल, इलाहाबाद, 1973.

Дымшиц, 3. М.; Граматика ?зыка Хинди 1; ?????????? ??????????, Издатвльство

"Наука" Главная ?едакция ?осточнй ?итературы, Москва, 1986.

??????, ?. ?.; ??????????, ?. ?.; ??????? ????? ????? ????? I & II, Издатвльство "Наука" Главная ?едакция ?осточнй ?итературы, Москва 1980.

Hälsig, Margot; Grammatischer Leitfaden des Hindi, Veb Verlag Enzyklopädie, Leipzig, 1967.

Matišic´, Zdravka; Elementi hindske gramatike, IBIS grafika, Zagreb, 1996.

Nespital, Helmut; Compound (Periphrastic or Analytic) Tenses in Indo-Aryan and Dravidian Languages: Correspondences and Differences in their Structure and Meanings, Berliner Indologische Studien (BIS), Berlin, 1998.

Porízka, Vincenc; HINDŠTINA-HINDĪ Language course, Statni pedagogicke nakladatelstvi, Praha. 1972.

Shapiro, Michael C.; A Primer of Modern Standard Hindi, Motilal Banarsidass Publishers, Delhi, 1989.

नए सार्वभौम व्याकरण के विकास में हिन्दी का योगदान

❑ लौरेंत्स्यु थेबान

सार्वभौम व्याकरण के पुनरुत्थान और विकास में अब तक जिस भाषा ने सबसे ज़्यादा और बाज़ मौकों पर तो एकतरफा योगदान भी किया वो अंग्रेज़ी रही है। अपनी उम्र के लगभग 50 वसन्त पूरा कर चुके और अमेरिकी सैद्धान्तिक भाषा शास्त्र के बेहद सम्मानित 'जेनेरेटिव ट्रान्सफार्मेशनल ग्रामर' (रूपान्तरणीय बीज व्याकरण) ने हमेशा से ही भाषाई सार्वभौमों के महत्त्व और इसकी आवश्यकता पर ज़ोर दिया है। मगर 1957 से अनवरत जारी उपर्युक्त व्याकरण सम्बन्धी तमाम प्रभावशाली लेखनों में वर्णित (सर्वत्र)–प्रामाणिक नियम एवं संरचनाएँ वास्तव में नोम चोमस्की की मातृभाषा के उथले व्याकरण की ही याद दिलाते हैं।

अतः ऐसे किसी भी एकपक्षीय, यूरो (-एटलांटिक)-केन्द्रित भाषाई सैद्धान्तिकरण, जो दरअसल सार्वभौम व्याकरण के पर्दानशीन-अंग्रेज़ी एकभाषिक वृत्तान्त से सम्बद्ध हो, के दुष्प्रभावों और कमजोरियों से निज़ात पाने के लिए, मैं दो बड़े बदलावों का प्रस्ताव करता हूँ। पहला, गुरुत्व केन्द्र, या प्रेरणा स्रोत का आंग्ल-अमेरिकी भाषा से हिन्दी की ओर प्रचरण। और दूसरा, इस नए व रोचक प्रत्यक्ष-आधार पर सार्वभौम व्याकरण के एक नए और बृहत्तर प्रतिमान (मॉडल) का विकास करना।

प्रत्येक भाषा की व्याकरणगत विशिष्टताओं के प्रति संजीदा यह नया सार्वभौम व्याकरण, सार्वभौमिकता को ऐसी किसी वैश्वीकृत प्रवृत्ति के बतौर नहीं देखता, जहाँ दूसरी भाषाओं की पारिभाषिक रूपरेखा हिन्दी के बरअक्स कम होती हो। बल्कि, यह तो इसे सम्पूर्ण भाषाई जगत में वाक्य-विन्यास और रूप सम्बन्धी परिवर्तिता और समृद्धि के एक सुविस्तृत क्रमबद्ध फेहरिस्त के दृष्टान्त रूप में देखता है।

वाक्यों के व्याकरण को संयोजित करने के अपने चमत्कृत करने वाले नए तरीकों के साथ वैश्विक हिन्दी, दूसरे पुनर्लेखन नियम/सेकेण्ड री-राइटिंग रूल वीपी⟶ वी+एन पी2, अकर्मक रूपान्तरण संरचना/पैसिव ट्रान्सफार्मेशन स्ट्रक्चर (बी+वी नहीं, बल्कि वी+गो), कर्ताओं (एनपी1) और प्रत्यक्ष विषयों (एन पी2) के लिए कर्तृ (एब्सोल्यूटिव) कारक के साथ अधिबद्धता में खड़े होना, कर्तृवाच्य में क्रिया की इसके कर्ता/ऐक्टर (एन पी1) के साथ संगति जैसे तमाम दूसरे मिथकों की

धज्जियाँ उड़ा देती है।

इस नए सार्वभौम व्याकरण से छह क्रमागत सैद्धान्तिक संरचनाएँ सम्भव हैं। अंग्रेजी में ए+वी+पी, लेकिन हिन्दी में ए+पी+वी, हिन्दी में अभिलिखित समस्त कारक संरचनाओं की चार सैद्धान्तिक सम्भावनाओं, और अन्वयात्मक संरचनाओं की चार सैद्धान्तिक गुंजाइशों में से तीन हिन्दी में मौजूद हैं।

इसलिए हिन्दी को पारिभाषिक रूप से निम्नलिखित संरचनाओं की सहायता से व्याख्यायित किया जा सकता है।

(ए—एक्टर/कर्ता; पी—पेशेंट/कर्म; वी—वर्ब/क्रिया)

कारक विधान

ए+पी+वी (ए और पी यहाँ कर्तृकारक/नोमिनेटिव केस में)

ए+पी+वी (ए यहाँ कर्तृकारक/नोमिनेटिव केस में, पी कर्मकारक/एक्यूजेटिव केस में)

ए+पी+वी (ए यहाँ एरगेटिव केस में, पी कृर्तकारक/नोमिनेटिव केस में)

ए+पी+वी (ए यहाँ एरगेटिव केस में, पी कर्मकारक/एक्यूजेटिव केस में)

संगति अनुरूपता प्रकार (एग्रीमेंट टाइप्स) :

ए+पी+वी (वी की संगति/अनुरूपता ए के साथ)

ए+पी+वी (वी की संगति/अनुरूपता पी के साथ)

ए+पी+वी (वी की संगति/अनुरूपता न तो ए के साथ और न पी के साथ)

अकर्मक वाक्यों में हिन्दी कारक प्रकारों की दो निर्मितियाँ और संगति/अनुरूपता सम्बन्धों के भी दो प्रकार प्रदर्शित करती है।

पी+ए+वी पास (कर्ता/एक्टर कर्ताकारक/एजेन्टिव केस रूप में)

पी+ए+वी पास (ए कर्ताकारक/एजेन्टिव, आवयविक/टॉपिकलाइज्ड पी कर्मकारक/एक्यूजेटिव में)

पी+ए+वी पास (अक्रिय क्रिया की पी के साथ संगति/अनुरूपता)

पी+ए+वी पास (कोई क्रियात्मक संगति/अनुरूपता नहीं)

उदाहरण

(अ) कारक विधान

1. ए और पी यहाँ कर्तृकारक/नोमिनेटिव केस में :
   मैनेजर साहब काफ़ी (पीसकर) पैकिट में भर देंगे
   मेरी छात्राएँ हिन्दी व्याकरण पढ़ती हैं
2. ए यहाँ कर्तृकारक/नोमिनेटिव केस में, पी कर्मकारक/एक्यूजेटिव केस में :
   अगर तुम मुझे/मुझको दासी बनाना चाहो

सरिता मगनचन्द को देखती है

3. ए यहाँ एरगेटिव केस में, पी कर्तृकारक/नोमिनेटिव केस में :
   किसी काम में तुम दोनों ने हाथ लगाया
   ज़िन्दगी में हमने कुछ नहीं किया, सिर्फ़ लड़ाइयाँ ही लड़ी हैं
4. ए यहाँ एरगेटिव केस में, पी कर्मकारक/एक्यूजेटिव केस में :
   मैंने हकीम को बुलवाया है
   उसी ने इन्हें भेजा हो
   आप ने हमें पहचाना नहीं है

(ब) संगति/अनुरूपता प्रकार (एग्रीमेंट टाइप्स) :

1. वी की संगति/अनुरूपता ए के साथ :
   मैं उसका नाम जानता हूँ
   सरिता संपतराम को जानती है
2. वी की संगति/अनुरूपता पी के साथ :
   आलमपनाह ने क्या बात कही है!
   शाहजहाँ और मुमताज़ ने बैठकर कभी मुहब्बत की बातें की थीं
3. वी की संगति/अनुरूपता न तो ए के साथ और न पी के साथ :
   युवक ने उन लड़कियों को बिठा दिया है
   मैंने उसे शिमला भेज दिया

(स) अकर्मक वाक्यों में हिन्दी कारक प्रकारों की दो निर्मितियाँ और संगति/अनुरूपता सम्बन्धों के भी दो प्रकार प्रदर्शित करती है :

1. एक कर्ता/एक्टर कर्ताकारक/एजेन्टिव केस रूप में :
   स्त्रियाँ गालियाँ सह लेती हैं; पर मैके की निन्दा उनसे नहीं सही जाती
2. एक कर्ताकारक/एजेन्टिव, आवयविक/टॉपिकलाइज्ड पी कर्मकारक/एक्यूजेटिव में :
   इस किताब को लड़कों से देखा गया

1. अक्रिय क्रिया की पी के साथ संगति/अनुरूपता :
   स्त्रियाँ गालियाँ सह लेती हैं; पर मैके की निन्दा उनसे नहीं सही जाती
2. कोई क्रियात्मक संगति/अनुरूपता नहीं :
   इस किताब को लड़कों से देखा गया

यह पर्चा लिखित हिन्दी से ऐसी पर्याप्त निदर्शी सामग्री उद्धृत करता है जो हमारे इस नए सार्वभौम व्याकरण को एक वृहत्तर, ज़्यादा लचीले और ठोस प्रतिमान का प्रस्ताव करने की ओर प्रवर्तित करता है। सम्मेलन में इस भाषा के जिन मूल्यों का सम्मान किया गया वैश्विक हिन्दी के इसी भाषातिरिक्त महत्त्व को आन्तरिक विशुद्ध भाषाई संरचनाओं से इस प्रकार आकर्षक और पर्याप्त समर्थन मिलता है।

संयुक्त राष्ट्र संघ की औपचारिक भाषाओं तथा फीजी, मॉरीशस और सूरीनाम की स्थानीय भाषाओं की हिन्दी के साथ एक पारिभाषिक तुलना

❑ लौरेंत्स्यु थेबान

यह पर्चा भी नए सार्वभौम व्याकरण के विकास में हिन्दी के योगदान सम्बन्धी मेरे वक्तव्य का एक हिस्सा है। यह पर्चा इसी विषय को थोड़ा अलग नज़रिये से समझने का प्रयास करता है। सार्वभौम व्याकरण के एक नए और कहीं ज़्यादा समग्र प्रतिमान की एक बार प्राप्ति हो जाने के पश्चात् हो सकता है कि हम यह भी जानना चाहें कि, शेष दुनिया की भाषाओं से हिन्दी कितनी और किन-किन व्याकरणगत परिमापों के लिहाज़ से अलग ठहरती है; या कि दूसरी भाषाओं के मुकाबले यह कितनी समकालिक है। इस अध्ययन के लिए कुछ दस भाषाओं को तुलना हेतु चुना गया है। और भाषाओं का यह चयन दो आधारों से वैध है। पहला, यहाँ संयुक्त राष्ट्र संघ की औपचारिक भाषाओं से हिन्दी की तुलना की जाएगी। दूसरा फीजी, मॉरीशस की फ्रेंच-क्रियोल और स्रानान टोंगों, यानी दुनिया के तमाम हिस्सों में हिन्दी के साथ-साथ और सरज़मीने हिन्दुस्तान से और एक-दूसरे से भी दूर-दूर बोली और सुनी जाने वाली भाषाओं की परस्पर तुलना की जाएगी।

इस पर्चे का सार एक संलग्न सूची के रूप में यहीं दिया जा रहा है।

मैं इस सूची से जो निष्कर्ष निकालूँगा वो यह प्रदर्शित करेगा कि पारिभाषिक और सार्वभौम व्याकरण के लिहाज़ से हिन्दी कितनी महत्त्वपूर्ण है। तीन सदस्यीय सकर्मक वाक्य को व्याकरणानुरूप संयोजित करने से कुल 28 सैद्धान्तिक विवर्तन प्राप्त होते हैं। इनमें से सात (हिन्दी और इसकी समतुल्य भाषाओं में एकसमान रूप से) रिक्त मालूम पड़ते हैं। बाकी के सात विवर्तन हिन्दी के अतिरिक्त महज़ दूसरी भाषाओं में प्रकट होते हैं। मगर अकेले (सात), या फिर दूसरी भाषाओं के साथ और कुछ नहीं तो चौदह विवर्तन सिर्फ़ हिन्दी व्याकरण में अभिव्यक्ति पाते हैं :

	सार्वभौम व्याकरण की उप-प्रणाली Subsystems of Universal Grammar	कर्तृवाच्य Active Voice	कर्मवाच्य Passive Voice
Word order Struc-tures शब्द क्रम संरचनाएँ	APV AVP PAV VAP PVA VPA	(H) C,E,Fi,G MC, R, S — Ar — Fi	(H) — (H) C Ar, Fi E, Fi MC, R, S —
Case Struc-ture कारक संरचनाएँ	AVP AVP AVP AVP	(H) C,E,Fi, Fr,G MC, S (H) Ar C,G,R,S (H) (H)	— — (H) E, Fi,G MC, R,S,C (H)
Agree-ment Struc-tures संगति/ अनुरूपता संरचनाएँ	AVP AVP AVP AVP	(H) C,E, MC, Malayalam (H) Ar, E Fi, G,R,S, (H) Konkani Goa	(H) MC,C — (H) Ar,E,Fi Fr, G, R,S, —

Key : A = Actor, P=Patient, V=Verb (Karta) (karma)

ए=कर्ता, पी=कर्म, वी=क्रिया

Ar=Arbic, C=Chinese, E=English, Fi=Fijian Fr=French, G=German H=Hindi MC=Maurisus Creole, R=Russian S=Spanish

एम सी=मॉरिशस क्रियोल, आर=रूसी, एस=स्पानी

एआर=अरबी, सी=चीनी, ई=अंग्रेजी, एफआई=फिजियन,

एफआर=फ्रेंच, जी=जर्मन, एच=हिन्दी

सार्वभौम सम्भावनाएँ (28)

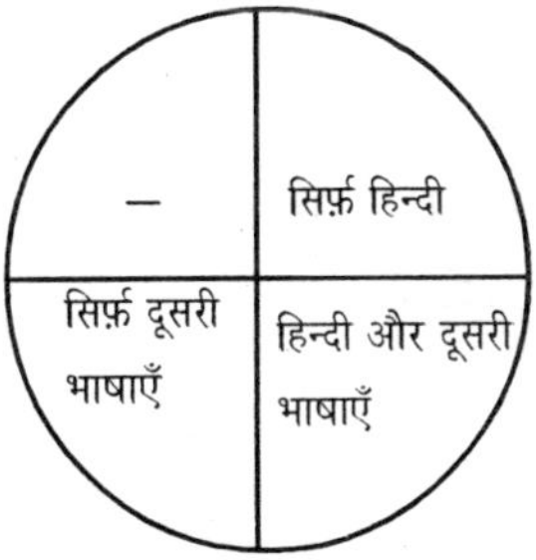

हिन्दी = 50%

अभिलिखित प्रकार (21)

हिन्दी = 66%

इसके उलट अंग्रेज़ी निम्नलिखित रूप में परिभाषित होती है—

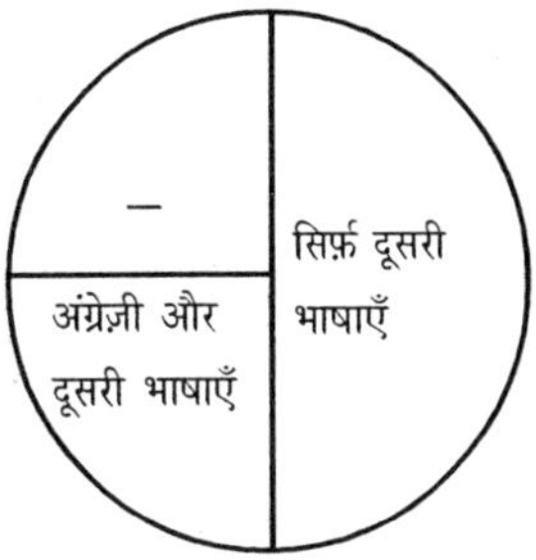

अंग्रेज़ी और दूसरी भाषाएँ = 25%
सिर्फ़ अंग्रेज़ी = 0%

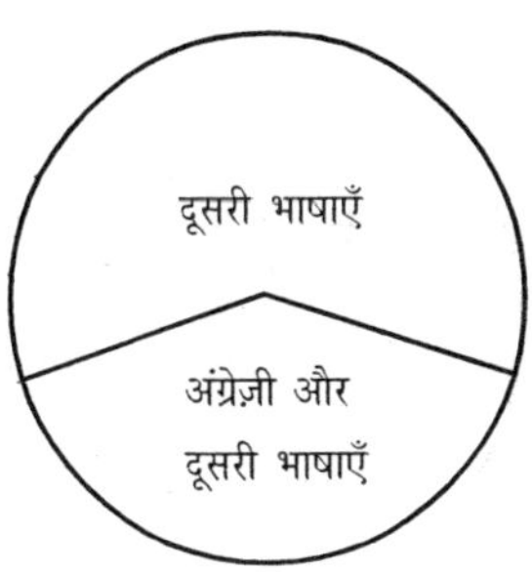

अंग्रेज़ी = 33%

पारिभाषिक सर्वव्यापित्व के लिहाज़ से (कम से कम मौजूद सैम्पल के हिसाब से) हिन्दी का कोई जोड़ नहीं है। साथ में ली गई दूसरी भाषाओं के समान खालिस पारिभाषिक गुणों और वैश्विक वजन के हिसाब में 50% (सिद्धान्त से) और 66% (व्यवहार में) की हैसियत के चलते हिन्दी के पास नैतिक रूप में मुखर और तकनीकी लिहाज़ से यथार्थपूर्ण सार्वभौम व्याकरण के विकास में सैद्धान्तिक भाषाशास्त्री की मदद के लिए अपनी प्राथमिकता की दावेदारी के वास्ते काफ़ी ठोस और मज़बूत आधार है।

नोट—पेज न. 7 पर दिए गए ग्राफ़ को डिज़ाइनिंग की तकनीकी दिक्कत के चलते अनुवाद में शामिल नहीं किया जा सका है।

बुखारेस्त विश्वविद्यालय के हिन्दी विभाग में आधुनिक गवेषणा-संबंधी दृष्टिकोण

❑ साबिना पोपर्लान

बुखारेस्त विश्वविद्यालय का हिन्दी विभाग 35 वर्षों पहले स्थापित हुआ। बहुत समय से हमारे विभाग का शोध-कार्य प्रकार-विद्या से संबंधित है।

हमारे पहले प्रोफ़ेसर, लौरेन्त्स्यु थेबान ने, जो विभाग के एक स्थापक थे, भारोपीय भाषाओं का तुलनात्मक अध्ययन शुरू किया है।

छात्रा होते समय और उसके बाद भी, हमने उनके विपर्यासी व्याकरण-संबंधी व्याख्याएँ रुचि से सुनीं। वे हमें समझाया करते थे कि तुलना करके हिन्दी और दूसरी भारोपीय भाषाओं में, कौन-सी समान विशेषताएँ होती हैं और कौन-से भेदसूचक गुण होते हैं।

हमने ऐसा सीखा कि यदि अलग-अलग भाषाओं में—रोमानियन, फ्रांसीसी, अंग्रेज़ी में, क्रिया कर्ता से केवल वचन और पुरुष में अन्वय करती है, हिन्दी में, क्रिया कर्त्ता से लिंग में भी समान है।

एक और प्रकरण जो हमें दिलचस्प लगा, शुरू से ही, हिन्दी के तुलनात्मक व्याकरण में, वह यह था कि, हिन्दी में, रोमानियन, फ्रांसीसी के विपरीत, मूलभूत क्रियार्थक पक्ष रूपात्मक साधनों से, जैसे रूसी में भी, अभिव्यक्त होता है, न केवल अर्थ-विषयक माध्यम से, जैसे रोमानियन या फ्रांसीसी में।

इस दृष्टिकोण को (प्रकार-वैज्ञानिक और व्यतिरेकी) अपना बनाकर, हमने भी उसी तरफ़ अध्ययन करना प्रारम्भ किया है। अपने विचार और तरीका प्रदर्शित करने के लिए, हम कुछ बिन्दुओं पर टिप्पणियाँ करेंगे जिनके बारे में हमने तुलनात्मक आलेख हिन्दी, रोमानियन और फ्रांसीसी भाषाओं पर लिखे हैं।

कई ज्ञानवाद-संबंधी क्रियाओं का विश्लेषण करके, हिन्दी और फ्रांसीसी में, हमें हिन्दी के दो व्याकरणिक ढाँचे, जिनके रूपों में कम फ़र्क होता है, लेकिन जिनके

अर्थ विभिन्न ही होते हैं हमें बहुत रोचक लगे :

मुझे मालूम है (= मैं जानती हूँ) कि मोहन पहुँच आया

Je sais que Mohan est arrivé (फ्रांसीसी में)

Stiu că Mohan s-a întors(रोमानियन में)

मुझे मालूम होता है (= मुझे लगता है) कि मोहन पहुँच आया

Il me semble que Mohan *est arrivé*

Mi se pare că Mohan *s-a întors*

हिन्दी में, निश्चयता या संभावना के अर्थ कालगत उपकरणों से व्यक्त हैं क्रिया समकालिक या अपूर्ण/ परंपरागत वर्तमान का रूप लेकर, जब कि फ्रांसीसी और रोमानियन में, ये आशय सिर्फ़ शब्दीय माध्यम से अभिव्यक्त हो सकते हैं :

एक और विषय, जिसमें हमने रुचि ली है, अपूर्ण काल की हिन्दी अभिव्यक्तियों से संबंधित है। यदि फ्रांसीसी और रोमानियन में अपूर्ण काल का सिर्फ़ एक रूप होता है, अलग-अलग आशयों के लिए, हिन्दी में अतीत के सामान्य सहगामी कार्य व्यक्त करने को तात्कालिक भूत का प्रयोग या परंपरागत सहगामी कर्मों के लिए अपूर्ण भूत का इस्तेमाल किया जाता है :

जब सुनीता कमरे के अन्दर आयी, तब रमेश पत्र लिख रहा था

Quand Sunītā entra dans la chambre, Rameś écrivait une lettre

Cănd Sunītā a intrat/intră în cameră Rameś scria o scrisoare

जब मोनिका भारत में रहती थी, तब वह रोज़ दोपहर को, चाय दूध के साथ *पीती थी। पिया करती थी*

Quand Monique habitait en Inde, elle prenait chaque jour, l'après-midi, du thé au lait

Cănd Monica locuia în India, ea bea zilnic, după-amiaza, ceai cu lapte.

एक और भाषा-वैज्ञानिक प्रकरण, जिसके संबंध में अंतिम समय हमने अन्वेषण किया है, प्रेरणार्थक क्रियाओं से संबंधित है। अगर रोमानियन और फ्रांसीसी में प्रेरणार्थक विन्यास विच्छेदात्मक हैं :

रोमानियन में सहायक क्रिया 'करना' ('a face')/ 'मांगना' ('a cere', 'a ruga') + क्रिया का संभावनार्थक रूप :

Profesoara a rugat-o pe Rītā să le dicteze copiilor poezia

फ्रांसीसी में सहायक क्रिया 'करना' ('faire') / 'मांगना' ('demander', 'prier') + क्रिया का सामान्य रूप :

Madame le professeur a demandé à Rītā de dicter le poem aux enfants

हिन्दी में संयोगात्मक रचना है : क्रिया का मूलधातु + -आ/-वा के प्रत्यय : अध्यापिका ने रीता से बच्चों को कविता लिखवाई।

हमारा आखिरी वर्णनीय विषय वर्तमान के संबंध में है। रोमानियन या फ्रांसीसी में, वर्तमान का केवल एक संयोगात्मक रूप है—समकालीन, भविष्यकालीन या परंपरागत कर्मों को व्यक्त करने के लिए, परन्तु हिन्दी में, जो इस संदर्भ में अधिक स्पष्ट है, अलग-अलग बनावटें मिलती हैं :

तात्कालिक वर्तमान—समकालीन क्षणिक काल और भविष्य के लिए एवं अपूर्ण वर्तमान—परंपरागत कार्यों को अभिव्यक्त करने के लिए :

1. a. आपका भाई क्यों *हँस रहा है?*
Pourquoi votre frerè, s'amuse-t-il?
De ce râde fratele dumneavoastră?

1. b. रमेश कल आगरा जा रहा है
Rameś part demain pour Agra
Rameś pleacă *mâine la Agra*

2. सीता रोज़ अपनी मां से फ़ोन पर बात करती है
Sītā parle *chaque jour au tèlèphone avec sa mère*
Sītā vorbeşte *zilnic la telefon cu mama ei*

हम समझते हैं कि हिन्दी की तुलना करके, विभिन्न भारोपीय भाषाओं से, जैसे फ्रांसीसी, अंग्रेजी, रोमानियन, आधुनिक भाषा-विज्ञान के लिए नवीन रोचक प्रकार-विद्या-संबंधी परिणाम निकलेंगे।

लेखक परिचय

डॉ. सुनील कुमार—Dr Sunil Kumar (Lecturer in Hindi, Zagreb University, Croatia)

श्रीमती हयनल्का कोवाच—Ms. Hajnalka Kovács (Department of Indo-European Studies, Eötvös Loránd University, Budapest, Hungary)

श्रीमती वान्या गांचेवा—Mrs. Vanya Gancheva (Assistant Professor, Center for Eastern Languages and Cultures, Sofia University 'St Kliment Ohridsky', Bulgaria)

डॉ. हरजेंदर सिंह चौधरी—Dr. Harjender Singh Chaudhary (Visiting Professor of Hindi, Department of South Asia, Warsaw University, Poland)

प्रो. लौरेंत्स्यु थेबान—Prof. Laurentiu Theban (Faculty of Foreign Languages and Literatures, Bucharest University and Romanian Academy Romania)

डॉ. मारिया नेज्यैशी—Dr. Mária Négyesi (Reader and Head of the Department of Indo-European Studies, Eötvös Loránd University, Budapest, Hungary)

श्रीमती साबिना पोपर्लान—Ms. Sabina Poparlan (Faculty of Foreign Languages and Literatures, Bucharest University, Romania)

डॉ. इमरै बंघा—Dr. Imre Bangha (Head, Alexander Csoma De Körös Centre for Oriental Studies, Sapientia-Hungarian University of Transylvania, Miercurea Ciuc, Romania) Imrebangha@oriast,ox,ac,uk banghaimre@siculorum.ro Marková

डॉ. दागमार मारकोवा—Dr. Dagmar (Oriental Institute, Charles University and Academy of Sciences of the Czech Republic,

Prague, Czech Repbulic)

श्रीमती वलेंतीना मरिनोवा—Mrs. Velentina Marinova (Center for Eastern Languages and Cultures, Sofa University 'St Kliment Ohridsky')

प्रो. दानुता स्ताशिक—Prof. Danuta Stasik (Head, Department of South Asia, Warsaw University) d.Stasik@uw.edu.pl

❑ ❑ ❑